関口存男<ruby>存男<rt>つぎお</rt></ruby>の言葉

佐藤清昭 ［編・解説］

三修社

言［こと］は事［こと］なり，全人を傾倒すべし，とでも言えばよいでしょう。私はつまり語学というものに，肉を盛り，血を通わせたいのです。過去分詞とか定形とか主語とか接続法とかいったようなものの背後にどんな生々しいものがむくむくと動いているかを述べたかったのです。

関口存男『独逸語大講座』，第 3 巻，巻末「言は事なり」，17 ページ

目　次

3

「序」に代えて

1. 「関口文法」という名称

「関口文法」というのは，関口存男［つぎお］氏（1894 - 1958）が独自の言語観にもとづき，ドイツ語について展開・実践した文法理論の「通称」です。

2. 「関口文法」の意義

関口文法の「教育的」意義は，きわめて大きいと言うことができます。例えば，「接続法の体系」の確立，「前置詞の用法」の的確な命名，「es による文の非人称化」の説得力ある説明など，現在までの日本のドイツ語教育界がこの文法に負うところは計りがたく，わが国でドイツ語を学ぶ多くの人々が，（意識する，しないにかかわらず）関口文法の恩恵に浴してきた，と言っても許されるかと思います。

しかし関口文法の「本来の意義」は，むしろ「学問上」の観点から注目されるべきでしょう。関口氏は，「意味形態」という概念を駆使することにより，ドイツ語を母語とする人々が主観的・直観的に持っている「言語知識」を，論理的に「認識されたもの」として記述し，「言語という技術」の解明に大きな貢献をしました。つまり，bekannt な知識（無意識に知っている知識）を erkannt な知識（認識された知識）にしたという意味で，関口氏は「人文科学（Kulturwissenschaften）の課題」をドイツ文法という領域で果たした，と言うことができます。

3. 本書と本巻の目的

関口文法の学問的意義はしかし，研究者の間で必ずしも正確に把握されているわけではないように思われます。本書『関口文法へのいざない』は，そのような現状の中，この文法を**紹介**し，**解釈**し，「言語の研究」の**発展に寄与**することを目指します。

本書は全部で3巻よりなりますが，第1巻の『関口存男の言葉』では，関口氏の「言語観と人間観」，そして（その「言語観と人間観」にもとづいて展開された）「関口文法」において重要視される「文法現象」を，関口氏の数多い著作の中から**精選**し，関口氏の**生の言葉**で紹介します。「生の言葉」にこだわるのは，関口氏の深く，示唆に富む言葉は，その「すぐれた文体」のままに熟読玩味することによって初めて「正しく理解」される，と信じるからです。

4. 「関口文法」の評価

ここでは，「関口文法の評価」の一例として，海外におけるものを紹介します。関口氏の著書の『前置詞の研究』と『独作文教程』はドイツ語に訳されています（本巻末「**引用は「どの版」から？**」参照）。前者については，著名な研究者たちによって高い評価の書評が6編書かれました（ドイツ，オーストリア，ベルギー，アメリカ合衆国における学術誌）。6編というのは，一つの個別テーマについての学術書に対する書評としては「異例」の数であり，この書が大きな注目を集めたことがわかります。また，インターネットの検索によれば，同翻訳書は（ロマンス語圏を含む）各国の授業で使用されていたり，修士・博士論文でも引用されています（この翻訳と書評について詳しくは，本書の第2巻と第3巻を参照）。

5. 「関口文法」の成果

関口文法の成果は，「独文世界思潮」，「独文評論」，「独語文化」など，関口氏が主宰する語学教育雑誌にそれぞれ独立した記事として，あるいは単行本として発表されました。以下は，それらの主なものをまとめた『著作

集』と，遺作となった『冠詞』です。

- •『生誕 100 周年記念 関口存男著作集』，三修社 1994. ドイツ語学篇 13 巻；翻訳・創作篇 10 巻；別巻「ドイツ語論集」1 巻.
- •『冠詞 ── 意味形態的背景より見たるドイツ語冠詞の研究 ── 』，三修社 1960/61/62. 第一巻『定冠詞篇』1,063 ページ，第二巻『不定冠詞篇』600 ページ，第三巻『無冠詞篇』638 ページ.

6. 「関口存男」という人

関口存男［つぎお］氏は明治 27 年，兵庫県姫路市に生まれました。陸軍主計大尉であった父親の意向により，大阪地方幼年学校から東京中央幼年学校に進み，陸軍士官学校を卒業します。しかし，士官学校を終えて見習士官になると同時に胸膜炎をわずらい，陸軍大学校への進学を諦めました。その後は，「演劇人」として生きることを望んでいましたが，それは達成されずに終わりました。関口氏は次のように述べています：

> 三十歳になる前頃，演劇の方では到底めしが食えないことがわかり，ついにドイツ語でめしを食うことを決心した或る日，わたしは此の「句と文章」を中心とした行き方の一大ドイツ語論を書くことを思い立ち，……

【「わたしはどういう風にして独逸語をやってきたか？」，所収：『趣味のドイツ語』，321-354 ページ；本引用は 330 ページ，波下線佐藤】

「関口文法」の原点には，この「演劇人としての関口存男」が存在します。この意味するところは，本書全 3 巻を通して明らかにしていきたいと思います。

（なお関口氏は同じ手記の中で，大阪地方幼年学校に入学した当時の自分について，「生活環境に対して非常に敏感で，軍人の学校へ這入ったことを忽ち後悔した」とも述べています：332 ページ）

関口氏は昭和 33 年,東京都新宿区下落合の自宅で亡くなりました。『冠詞』の原稿が完成する直前のことでした。

7. 計画したことの十分の一ないし二十分の一で人生が終わったか？

関口氏は，亡くなる 9 か月前の 1957 年，『ドイツ語前置詞の研究』を再刊するにあたって，次のように書いています：

> この書は，実は昭和十八年に出したもので，昭和三十二年の今日から見ると，心境の点で，色々と複雑なことを考えさせられます。
>
> わたくしは，ドイツ語の研究者として，実は少し実力にあまることをたくらみ過ぎ，従来の伝統を脱した自己独自の言語の見方をドイツ語をダシにして展開してやろうなどということを若い時に思いついて，それに一生をささげてしまったのです。ところが，現実は苛烈で，そんなことをやっている傍ら，だいいち食って行かねばならず，食って行くには，たとえば雑誌の原稿なんてものを書かねばならず，書くためには，全然自分の仕事と無関係なことは書けないものですから，今現に研究していることの中から，ちょっとまとめればまとまりそうなことを抜き出して一晩か二晩でまとめねばならず……そういう風にして，まるで御用ききに声を掛けられて今晩のお惣菜を数秒首を傾けて決定してしまう家婦のようないそがしさで書きなぐってしまったのが，この書，ならびに『和文独訳の実際』，『独乙語講話』などという「拙」著で，これらはすべていちど雑誌にのせた原稿の収録にすぎません。
>
> さて，晩年になって，その本来の研究なるものを執筆しつつある今日となってみると，お恥かしい次第ですが，私も他の多くの人たちと同じような過ちを犯してしまったことに気がつきます。というのはすなわち，計画ばかり大きすぎて，実行には，少し時日が足りなくなってしまったのです。即ち，ドイツ語文法の全分野に亘って，かなり多くの問題を解決し，かなり多くの問題を提示するに足るだけの材料と準備と思想と基盤とは出来てしまったが……悲しいかな，もう余年があまりないのです。
>
> いまちょうど冠詞論をやっていますが，**ひょっとすると**冠詞論だけでおしまいになるかも知れません。つまり，計画したことの十分の一ないし二十分の一で人生がおしまいになるわけです。

【『意味形態を中心とするドイツ語前置詞の研究』，序 (2)，太字と波下線佐藤】

この最後にある太字の「ひょっとすると」は，……本当に「ひょっとして」

しまった。関口氏の考えていた「本来の研究」として上梓されたのは,『冠詞』だけに終わったのです。それでは『冠詞』全3巻,全2,301ページは,本当に関口氏が「計画したことの十分の一ないし二十分の一」に過ぎなかったのか? ……。これは,そうでもあり,またそうでもなかった,と言えるでしょう。

次の関口氏の言葉は『独作文教程』の「復刊の辞」の最初の部分です。これは今引用した『前置詞の研究』「序(2)」の4年前に書かれたものですが,注目するに値します。

作文教程という書名は非常に実用的ですが,内容は必ずしも実用的というのではなく,むしろ誰か有為な人に実用化して頂きたいと思う色々な問題を提供した書物といった方が妥当かも知れません。

私自身の立場から,最も重要視して編纂したのは,此の書の後半部,即ち「論理範疇」の系統化です。同じような方式でもって「時間範疇」,「空間範疇」,「感情範疇」の表現法を系統化したならば,ほとんど完全な教程が出来ると思うのですが,もうそんなこともしていられない時期になったので,この方面の発表はこれだけにとどめます。本書の内容の全部は,どうせ只今まとめつつある研究によって包摂棄揚されてしまうでしょう。

【『独作文教程』,復刊の辞,波下線佐藤】

関口氏がこの「復刊の辞」を書いた時には(1953年),すでに『冠詞』の構想はかなり具体化していたと考えられます。自宅の庭にはもう,『冠詞』執筆のために考えられたという「簡素な仕事部屋」が完成していたかもしれない。つまり,この「只今まとめつつある研究」とは「冠詞論」のことであり,そこに「独作文教程の内容の全部」はどうせ包み込まれ(包摂),より高次なものに統一される(棄揚)というわけです。しかしこの「包摂棄揚」されたものが『独作文教程』の内容に限らないことは,『冠詞』をひもとけば分かります。「冠詞論」はつまり,単なる「冠詞」論ではなかった。「死期を予感した」関口氏はその中で,冠詞の枠を超えて,ドイツ語文法の「多くの問題を実際に解決」し,また「解決し得る手掛かりを提示」しました。確かに,関口氏の「本来の構想」から言えば,『冠詞』は「計

画したことの十分の一ないし二十分の一」に過ぎなかったかもしれない。しかし「問題解決の手掛かりの多く」を我々後世の研究者に提示し，残したという意味では，関口氏の「十分の一ないし二十分の一」という言葉は「謙虚に過ぎる」と，私は思います。

8.「関口文法」の独創性

本文に入る前に，関口氏が，自身の文法の「依るところ」について述べている言葉を紹介します。

> あなたの文法は一たい何に準拠したものか，何を種本にしたのか，と云って問われる事がよくあります。そういう時に，何か斯う相手を威圧して，頭っから信用させてしまうような，横文字の名前をペラペラと三つ四つ挙げられると大変気が利いて聞こえるのかも知れませんが，残念ながら私にはそれが出来ない。私の種本は，行李【こうり = 竹や柳で編んだ箱形の物入れ】に一杯分ほど溜まっている汚いノートだけです。ドイツの学者の書いた文法書も持っていない事はないが，何か歴史的な筋路でも疑問になった時とか，或いはちょっとした事柄をそそくさと参照する時以外には殆ど参考にしません。それに物を書いている最中に席を立つという事が非常に嫌いな性分なので，調べればもっと面白い枝葉も伸びると思う所も，大抵は邪魔くさくて止してしまいます。
>
> そういったようなわけで，私の独逸語文法は好い意味に於ても悪い意味に於ても『独創的』です。

【『接続法の詳細』，初版，日光書院 1943,「序」，角カッコ補足と波下線佐藤：この初版の「序」は，1954 年の改訂版では省略されている】

・お断りと謝辞

本巻『関口存男の言葉』を手にされた方は，これを「最初から」読む必要

はありません。「目次」をご覧になり，興味を持たれた節から始めても，最初に述べた本巻の目的は果たされます。

関口氏の著作からの引用は，できる限り原文通り（つまり「生の言葉」）になるよう努めました。ただし表記と補足について次の「原則」をもうけます：(1) 旧仮名遣いと旧漢字は新しいものに変える，(2)「漢字表記辞典」（三省堂 1997）に載っていない漢字は仮名に変える，(3) 漢字の読みが難解な場合は角カッコで補足する，(4) 漢字，あるいは表現の意味が難解な場合も同じく角カッコで補足する。── いずれの場合も，関口氏の意図した内容に影響はありません。

ドイツ語の「正書法」は，「旧」のままとしました。これは，たとえば Goethe の書いた文章を引用する際に，「正書法はそのまま」という方針と同じ考えに基づきます。

本巻をまとめるに当たり，佐伯禎明氏，轡田收氏，そして三瓶裕文氏から貴重なご意見とご指摘をいただきました。また大木俊夫氏は英語表現についての私の質問に，詳しく答えてくださいました。本巻の編集と出版に尽力してくださったのは，三修社の菊池暁氏です。皆さまに御礼申し上げます。

・本書の第 2 巻と第 3 巻について

本書『関口文法へのいざない』の第 2 巻と第 3 巻は，それぞれ 2 年の時間をおいて出版する予定です。その内容と目的は次の通りです。

第 2 巻『関口存男 前置詞辞典と文例集』（佐藤清昭 編・解説）：関口氏の著作のいたるところに見られる前置詞の用法を，多くの用例とともに整理してまとめる。また，関口氏が 30 年以上にわたって収集し続け，関口文法の基礎となった「文例集」について解説する。（この「文例集」とは，上の関口氏の言葉（『接続法の詳細』，初版，「序」）にある「行李に一杯分ほどたまっている汚いノート」のことであり，A4 版コピーの形にして 24,502 頁ある）

第 3 巻『関口文法の解釈とその発展の可能性』（佐藤清昭 著）：佐藤が関口文法を，近・現代言語学の観点からどのように「解釈」するか，そして関口文

法にはどのような「発展」の可能性があるかを示す。これは，関口文法の側からの「言語学発展への寄与」を意味することになるであろう。

・第1巻の中の「囲み」について

お気づきの通り，ここまでは関口氏の言葉を「直線」で囲んで，佐藤の言葉と分けてきました。これ以降は，佐藤の解説を「一点鎖線」で囲み，「囲みなし」の関口氏の言葉と区別します。

2020 年 11 月

佐藤　清昭

第一部　関口存男の言語観と人間観

① 文を作るための文法

> 関口文法とは「**文を作るための文法**」である。「話し手の立場に立つ文法」，あるいは「表現するための文法」と言うこともできる。関口文法の定義はこれにつきる，と言っていいと思う。

読むための文法などというものは大したものは要らない，形容詞の変化ぐらい知っていればあとは辞書と常識とで間に合います。文を作るための文法にして初めて真の文法であり，そのためには従来の文法を逆立ちさせて，まず意味の筋路の方を確立し，然る後その表現法を探究するというメトーデに拠るの外はありません。

【『接続法の詳細』，第二篇「意味用法を主とする詳論」，第二章「間接話法」，87 ページ，波下線佐藤】

/////////////////////////////////////

意味形態中心論の原理：形が意味を有するに非ず，意味が形を取捨するなり。

言語の研究には，とかく形から出立して其の意味用法を規定せんとする悪傾向が多い。私はこれを悪傾向と呼びたい。たとえば，日本語でなら，『が』と『は』とはどう違うか？といったようなことから出立して文法を研究しようとする。ドイツ語でなら，第一式 sei はどういう場合とどういう場合に用いるか，第二式 wäre はどんな場合に用いるか？といったような出立のし方をする。単なる学問的興味からやるのは構わないが，実用的見地から云うとこうした考え方は，そもそも出立点が間違っている。方向が逆です。『意味形態』を中心として，それから其の意味形態を表現するためにドイツ語では現在どの形とどの形とを用いているか，という風に考えないで，逆に，茲にこんな変な形が一つころがっているが，これはいったいどんな時に用いるのだろう？などと考えるから，何でもない事が無限にむず

かしくなってくるのです。抑々，言語の発展していく経過そのものが，決して『形』から意味が生れたのではなく，こういう意味を表現したいという要求の方が先にあって，（しかも其の要求は割合簡単で，分類して行けばごく透明なシステムを持っています。いずれにせよ『形』の方ほど複雑なバラバラなものではありません）其の要求が，言わば手当たり放題に，何でも都合のよいものを採ったり捨てたりしながら用を足していくきりの話です。

或る人の家に行くと，玄関のところに，大きな二尺ざし〔＝和裁用の物差し。鯨尺であるから「二尺」は約 76 センチ〕が転がっている。玄関に二尺ざしを置いておくなんてのはちょっと妙だが，よく見ていると，なるほど首肯できる。第一，玄関の格子に鍵がないので，その二尺ざしをちょっと突っかいにすると，格子が開かないようになっている。しかも，主人が靴を穿く時に，その二尺ざしを踵のところに入れて穿き，それからヒョイと抜いておっぽり出す。つまり，長いから，立ったままで靴が穿けるのです。そうかと思うと，主人はその物差を頸のところから背中の中へ突っ込んで，ガリガリと背中を掻いていることもある。── こうなると，二尺ざし一つでも，その用途は中々複雑です。そうかと言って，二尺ざしの用途を全部研究して一冊の本にする …… そんな馬鹿なことはない。実用的見地から云うならば，むしろ『意味形態』の方から考えた方がいい。意味形態ならばそう沢山はない。一家の中でも，『戸締り』とか，『靴を穿く』とか，『背中が痒くなる』とか，『子供のお尻をひっぱたく』とか，とにかく一家の生活に起ってくる場合は，沢山あるようで実は非常に簡単です。その方がわかれば，物差の用途ぐらいわけのないことです。甲の家では物差で物の長さを計る，乙の家では子供のお尻をひっぱたく，それぞれ固有の癖はあるけれども，決して人間にわからないほど不思議な用い方はしない。物差を中心にして考えるから奇異な『ガクモン的』感じを与えるので，子供の教育，戸締まり，といったような方面から出立して考え，一方其の家に二尺ざしが転がっている事実を知っていれば，用法はおのずから明瞭でしょう。物差に用途あるに非ず，用途が物差を採ったのです。形が意味を有するに非ず，意味が形を取捨して文法を作ってしまうのです。お隣の英語では物差がないから未来を sollen と wollen とで表現している。こっちには物差があるから werden を用いる。接続法の問題もほぼ同じです。

18

物事の実際関係が斯くの如くでありますから，文法も亦これに依るのが最も合理的であり，実用的です。……

では，そもそも接続法の全般を通じて，第一式なら第一式が，どういう用途を持っているか？などという事を考えるとすれば，それは，只今も述べた如く，これは考え方そのものが間違っているのであって，間違った考え方は結果の混乱によって罰せられます。即ちそうした考え方で考えていくというと，接続法の用法というものが，単に複雑になってくるばかりでなく，全体として非常に無統制なものになってくるのです。接続法の研究だけは，意味形態から出立しないと絶対に統一は生じません。

【同所，56-58 ページ，太字関口，波下線佐藤】

/////////////////////////////////////

関口は，『接続法の詳細』の中の「接続法の本質」という章で，小先生と大先生の二人に次のような対話をさせている。

小先生：用法と形との関係をもう一度はっきり云ってくれたまえ。

大先生：非常に覚え易く出来ている。実際上のことはまた各論に入れば自然とわかってくるが，表示すればこうだ：

意味と用法	使用の形式
1．要求話法	（第一式）
2．間接話法	（第一式と第二式）
3．約束話法	（第二式）

小先生：どうも，えらい簡単なんだね。そんな簡単なことでいいのかしら？　どうしてそんな簡単なことになるのだろう。

大先生：どうして？　その返答も亦すこぶる簡単だ。それは『形』から出立して用法を探らないで，『用法』から出立して形を求めたからだ。用

法というのはつまり意味形態だ。**言葉**というものを驚異の眼を瞠って打ち眺めたのちに，其の意味を探ろうとするから語学も文法もいやに複雑になり，わからなくもなる。意味というものを驚異の眼を瞠って打ち眺めたのちに其れに対する言葉を求めるとき，語学は非常に容易なものとなり，文法も頗る簡単なものとなるばかりではなく，まず以て明瞭なものとなる。『意味形態を中心とする文法』というのはこの事だ。

【同書，第二篇，第一章「接続法の本質」，32-33 ページ，太字関口，波下線佐藤】

///

関口文法の重要な文法概念のひとつに「搬動詞 Lativum」というものがある。

> Er ist es, der mich vor Jahr und Tag an diesen Posten geschwatzt hat.
> 数年前，何だかんだ言って俺をこんな任地へ来させてしまったのは
> あいつなんだ。

これを直訳すると，「俺をこんな任地へ喋ってしまったのはあいつなんだ」ということで，つまり「お喋りすることによって私を任地へつけた」Er ist es, der mich vor Jahr und Tag durch Schwatzen an diesen Posten gebracht hat である。関口の説明を要約すると次のようになる：

「ドイツ人特有の語法として，an den Posten など，到着点，運動の方向を明示する語句がすでに用いてあり，同時に mich というような４格が置いてあると，動詞はもうとにかく bringen とか legen という『搬［はこ］び動かす』という意味の動詞であることが明瞭であるから，その明瞭性を分かりきったものとして，その位置にどんな動詞を持ってきても構わない。これらの，その時々の勝手気ままな動詞は，その元来の意味はどうあるにせよ，すべて bringen を基礎にした意味になる」。

これは，『ドイツ語学講話』〔2〕搬動詞〔Lativum〕に述べられている内容であり，以下はその中の「**再帰動詞としての Lativa**」という項からの引用である。

学理上の問題を離れて，実用文法の範囲を考慮した際に，非常に重要なの

は再帰代名詞を四格補足語とする Lativa ［搬動詞］です。何故と云うに，たとえば，前にもちょっと引用したように sich durch die Welt schlagen（闘いつつ人生を渡る）とか sich durch die Menge arbeiten（人山を掻き分ける）とか sich hindurchkämpfen（血路を斬り拓く）とかいったような既製の或種の再帰動詞に接しても，この Lativum なるものに対する理解が無いと，それらの schlagen とか kämpfen とか arbeiten とかいったような動詞に何故 sich なんてものが付くのだか，全然説明されないと思います。説明は学問の方の問題だが，実用語学の見地から云っても，それらの句を，ドイツ人がそれらの句に対して持っている通りの語感と内的理解を持たずに用いることになって，結局，正しい理解が得られないということになるばかりでなく，現在ドイツ人が其の時其の時の必要に迫られて拵えつつある Neubildung（新語）に接するたびにいちいち面食らわなければならないということになる。とにかく色んなことになる。── ドイツ人が既に拵えたものや，元っから在るものを教えるのが辞書で，ドイツ人が拵えるのと同じ筋路を以て別に拵えることを教えるのが文法であるとすれば，**意味形態の研究**こそは，これが本当の文法ではないでしょうか。

さて，只今の，たとえば sich durch die Menge arbeiten を例にとって説明すると，既に今までに述べた一般的法則から考えてすぐわかるように，これは言わば sich arbeitend durch die Menge bringen です。一生懸命に藻掻く（arbeiten）ことに依って自分自身を群衆の間を貫いて向う側にまで運んでいくことです。arbeiten が実は arbeitend bringen の意味だから，そこでどうしても sich という四格が無くてはならないのです。

【『ドイツ語学講話』，〔2〕「搬動詞〔Lativum〕」，48 ページ，太字関口，波下線佐藤】

なお，Lativum という術語は関口によるもので，関口は次のように説明する：

「Lativum というのは私の命名で，斯くの如き重要なる現象にひとつの具体的な名称がないのを遺憾に思って発明したまでの事です。それは物を「運ぶ」というギリシャ・ラテン両語の fero という字から出発して造ったのです。」（『独逸語大講座』，第四巻，473 ページ）

////////////////////////////////

以下は，「als ob 文の定形は接続法第一式か第二式か？」という問題を扱った
論考の一部である。

それから，次に注意す可き重要な現象は，『まさか云々したわけでもある
まいに！』という意味で用いる場合の als ob, als wenn です。これは普通
の als ob とは違って，趣旨としては明らかに否定で，それを口にする態
度は日本語の『まさか』その儘で，これこそ私が只今述べている『仮構的
な趣・旨・由』という意味形態の最も純粋なものでありますから，此の時
だけは必ず第二式を用いなければいけません。文法形態は意味形態の方か
ら説明しなければ駄目だという私の持論を証明する典型的な一実例です。
単に一般的に als ob の次の定形はどうなるか，と云っても，それはなか
なか厄介な問題ですが，意味形態がはっきりした本質を有する場合になる
と問題は斯くの如く簡単なのです。

Da kommen sie und fragen, welche Idee ich in meinem Faust zu verkörpern
gesucht? ── *Als ob* ich das selber *wüßte* und aussprechen *könnte*!

[*Eckermann: Gespräche mit Goethe*]

よく，私が私のファオストに於てどういう思想を具体化しようとしたのか，など
と云って問う人があるが，神様じゃあるまいし，そんな事が私自身にわかるわけ
のものでもなし，また言えるわけのものでもなかろうじゃないか。

[注：文例はこのほか四つあがっている]

【『接続法の詳細』，第二篇「意味用法を主とする詳論」，第二章「間接話法」，130 ページ，
イタリック関口，角カッコ補足と波下線佐藤】

② 人類共通の「意味形態」

前節の最後で関口は，「文法形態は意味形態の方から説明しなければ駄目だ」
と述べていた。関口は「意味形態」という用語を「いくつかの意味」で用いる
が，ここで言う「意味形態」とは，「話し手が表現しようと意図する意味内容」
のことである。この「意味内容」は「人類共通」，あるいは「万国語共通」と
いうことになる。

言語現象の一段奥に潜む『意味形態』というものを探り当て，其処から出
立して，さて此の形態を表現する手段としては如何なる形式と如何なる形
式とが現在用いられているか？という風に研究していきますと，（こうな
るともうドイツ人の書いた文法書はみんな落第で，個々の事実を調べるために
は好いが，システムや考え方の上では，むしろドイツ人でない我々の方が，ドイ
ツ人でないが故に適任であるということになってくるのですが）── そうな
るというと，第一式をどう用いる，第二式をどう用いる，どころの問題で
はない，むしろ抑々『接続法』それ自身すら当分は無視して考えた方が意
味形態がはっきりするということになってきます。……

…… 人類共通の『意味形態』なるものは，必ずしも吾人が特に興味を有す
る一具体的文法形式だけを尊重してはくれない。こいつの立場からは接続
法も助動詞も熟語も単語も一視同仁でなければなりません。

【『接続法の詳細』，第二篇「意味用法を主とする詳論」，第二章「間接話法」，59 ページ，
波下線佐藤】

/////////////////////////////////////

要するに Accusativus cum Infinitivo という形式は，ギリシャ・ラテンで
は実に華やかに発達していましたが，ドイツ語では最早 Ich sehe ihn
kommen 等の形式，及び lassen という助動詞の用法に於て余喘［よぜん］
を保っている［＝ かろうじて生きながらえている］のみで，況や現在の問題

たる『趣・旨・由』の表現には最早全然用いられなくなりました。其の点、ドイツ語の文法形態は一つだけ貧弱になってしまったわけです。けれども、文法形態が一つ無くなったからといって意味形態は何の不自由も感じない。先に述べた二尺差しの話を想い出してください [参照：本書 18 ページ]。『形が意味を有するに非ず，意味が形を取捨するなり！』二尺差しが無くなったからといって子供のお尻をぶつ事を止しはしない。二尺差しが無ければ塵払いでぶつ，塵払いが無ければ蝿叩きでぶつ，本当に何もなければこんどは平手でぶつ。とにかくぶちます。ぶたないという事は決してない。これが意味形態論と言語史との関係であり，**同時に言語史の根本問題が意味形態論である**という一例です。

唯今引用したプラトンのイデア説ではないが、言語という自然現象の中に、或いは純に或いは不純に隠顕一貫している永遠のイデア的存在は『意味形態』であり、其の時々の言語は此のイデアを mehr oder weniger originalgetreu に具現した不完全な Abbilder にすぎないのです。

【同所，81 ページ，太字関口，角カッコ補足と波下線佐藤】

///////////////////////////////////////

類語を一挙に対立せしめるところから生ずる統一感をねらう，というのは、換言すれば「類語の一括」と云ってもよかろう。此の類語の一括という操作は「意味形態」である。すなわち「考え方の問題」である。言葉の上の形式こそ異なれ，その「考え方」（即ち意味形態）においては，どの国語にもなければならない筈のものであり，そもそも人間の頭なるものの思惟操作なのである。

【『冠詞』，第三巻「無冠詞篇」，第五章「対立的掲称 (2)　類語対立に関する概説」，257 ページ，波下線佐藤】

///////////////////////////////////////

筆者がこれらの現象［注：Frau und Kind, Vater und Mutter, Stock und Stein などの「類語の対立」という現象を指す］に対して感ずる興味の中心は，その概念的分析ではなくて，直感に訴える本質である。即ち，少し意地のわるいひねくれた言い方をするとすれば，Frau und Kind という句が，よく考えてみると二つの相対立する類語から成っていて，それが und によって結ばれている ...... などということではなくて，それとは逆に，かくの如く類語を一挙に対立せしめるところから生ずる「統一感」である。換言するならば，Frau und Kind なる句が，その各部分の意味と分解した場合に問題になってくる其の相互間の関係の如何にかかわらず吾人の語感に与えるところの「まるで一語のような感じ」である。── もちろん，構造や分解を全然問題にしないというのではなく，むしろ逆に，統一感の本質を純粋に諦視しようと思えば思うほど，対照的に分解の方を極端にやって見せることが必要になってくるということはあり得る。けれども，それは単に方便であって，筆者としては，分類を企んでいるのではなくて，本項の標題の示しているごとく，「類語を一挙に対立せしめるところから生ずる統一感」というものを狙う（表現形式ではなく）思惟形式がそもそも人間の頭の中に「範疇」すなわち「意味形態」として与えられており，その意味形態がドイツ語ならドイツ語という特殊言語においてはたまたま A und B という特殊な表現形式を取るのだ ...... ということに注目を向けたいのである。

【同所，245-246 ページ，角カッコ補足と波下線佐藤】

/////////////////////////////////////

以下に出てくる「**単回遂行相動作**」について，関口は次のように説明する：

多少にかかわらず迅速に展開する一回きりの劇的『三相経過』，あるいは大ざっぱな臨時の定義として，一回きりのまとまった動作（einmalig-geschlossene Handlung）と記憶してもらってもよい。西洋古典語学者のむつかしい用語を好

単回遂行相動作は読んで字の如く「単回」であるが，此の「単」と此の「回」
を文字にして表わすと einmal ということになる。すると，単回遂行相動
作には，特に此の「単回」というくだらない所に重点を置いたくだらない
一相がなければならない筈である。ドイツ語には現にそれがあるから面白
い。

...... (中略) ......

以上は，命令文という角度から見ての話であるが，einmal や mal という
語の用法について考える際に，見地をもっぱら命令文にのみ取るというこ
とは，その真姿を見逃がすということになる。それよりはむしろ単回遂行
相という角度から眺めた方が，その凡ゆる用法を理解するに都合がよい。
とにかく外面に顕れた語形や助辞や語順や句読点や特異な選語は，その一
段奥に流動している万国語共通の（すなわち人間というものの物の考え方に
共通の）何等かの意味形態に副わんとする，或いは巧み，或いは拙，時と
すると拙巧にして苦笑を禁じ得ざる千態万様の「あがき」なのであるから，
「あがき」ばかり見ていたのでは「あがき」はわからない，開眼一番，以
て現象の背後に眼光を徹するのが捷径［しょうけい＝近道］である。

【『冠詞』，第二巻「不定冠詞篇」，第三章「単回遂行相動作と独逸語」，105，107 ページ，
角カッコ補足と波下線佐藤】

///

たとえば我々が何か困難な問題に逢着して，即座に決裁することができな
いと，指示冠詞を用いて Dieser Fall will reiflich erwogen sein（此の場合
はよほど篤［とく］と考えねば）とか，或いは「指示力なき指示詞」である
定冠詞を用いて Der Fall will reiflich erwogen sein というであろう。此の

Dieser や Der が，明らかに当面した具体的な場合を「指している」こと
は誰も疑う者はないであろう。ところが，同じことを，それが「どんな性
の」ものであるかということを念頭に置いて指す場合には Ein Fall wie
dieser will reiflich erwogen sein（此の様な場合はよほどじっくり考える必要
がある）と云ったり，Ein solcher Fall will reiflich erwogen sein と云った
り，Solch ein Fall will reiflich erwogen sein と云ったり，So ein Fall will
reiflich erwogen sein と云ったり，Ein so delikater Fall will reiflich
erwogen sein と云ったり，最後にはまた，前項で取扱った場合のように，
何等かの詳しい形容規定を附して Ein Fall, wie er hier vorliegt, will
reiflich erwogen sein とか Ein Fall, der sogar einen Watanabe verblüfft,
will reiflich erwogen sein（渡辺さんのような人までまごつくような問題だと，
これはよほど慎重に考える必要がある）とか云ったりする。これら凡ての場
合も，その達意眼目から見るならば，すべて当面した具体的な場合を「指
し」ているのであって，其の意味に於ては Dieser Fall や Der Fall と何等
相異はないのである。現に形式文法に於ても solcher, so ein 等は，いわ
ゆる「指示代名詞」（Demonstrativa）として取り扱われることが多いのは
周知の事実である。意味形態的に考えるならば，ein Fall wie dieser（此の
ような場合）の ein ...... wie dieser や，eine Blume wie die Rose（バラのよ
うな花）や，ein Planet wie der Saturn（土星のような惑星）や，ein Dichter
wie Goethe や，eine Frau wie Sappho や ein Volk wie das japanische 等々
に現われている ein ...... wie ...... の構造も，実はやはり「指示代名詞」（或
いはむしろ指示冠詞）の列に加えなければならない筈のところである。......（中
略）...... そういう事を言うと，語形や文形ばかりを出立点にして言語を考え，
意味の世界に支配する「形なき文法」（「文法」というよりはむしろ「意法」
なのであるが，そんな言葉を使うと違法だというお叱りを受けそうである）の
方は何時までも天地開闢［てんちかいびゃく ＝ 天地の開けはじめ。世界の初
め］の昔ながらの混沌状態に放置し，みずからもまごつき，人をもまごつ
かせる事を以て当然の状態と考えている形式文法学者達は，それは飛んで
もない事だと云って憤慨するかも知れない。故に，筆者も別に学校用の文
法や初学者相手の入門書までそういう風に変えろと云うのではない。ただ，
たとえば日本語のような全然異系統の言語と，ドイツ語その他の言語との
表現の差を，単に単語や一概念をつかまえてではなく，文章論的に厳密に

比較してみるというと，その両者の「根本的相異」も到る所に発見される
けれども，その両者を離れた「意味だけの世界」に支配する「根本的一致」
もまたそれと同程度の頻繁さを以て発見されるという事実に対して関心を
向けないわけにいかないのである。しかも，そうした形なき世界に支配す
る形なき法則を，たとえ少しずつでも，此の一角，此の一隅と，順次整理
していく学問があってもよいのではないかと思う。即ち，文法に対して意
法というものが要求される所以である。

【『冠詞』，第二巻「不定冠詞篇」，第八章「外的形容規定を含みとする不定冠詞」，474-
475 ページ，直下線関口，角カッコ補足と波下線佐藤】

/////////////////////////////////////

関口は「**人間語**」，あるいは「**人間語的な考え方**」という表現を用いる。以下
の引用において，二つの聞き慣れない術語が出てくるので注意されたい：

(1)「**言 [げん]**」（Rede）とは「文」を意味する。

(2)「**正構**」と「**錯構**」とは，次のような，文または語の「構造」（ ＝「規定関
　　係」）を指す：

(A) **正構**：「**言**（＝ 文）を**言**（＝ 文）によって」表現するから「正構」：
　　　　　　Man mißbraucht die Amtsgewalt.　職権を濫用している
　　　　　　Häuser sind eingestürzt.　家屋が倒壊した

(B) **錯構**：「**言**（＝ 文）を**語**によって」表現するから「錯構」。これは二つに
　　　　　　分かれる：

　　◎「錯構」の中の「**正構**」：「言を語によって」表現しているから「錯構」
　　　　であるが，「意味上の規定関係」と「文法上の規定関係」は一致する。
　　　　Mißbrauch der Amtsgewalt　または　Amtsgewaltmißbrauch
　　　　Einsturz der Häuser　または　Häusereinsturz

　　◎「錯構」の中の「**錯構**」：「言を語によって」表現しているから「錯構」
　　　　である上，「意味上の規定関係」と「文法上の規定関係」が一致し

ない。

> mißbrauchte Amtsgewalt　　職権の濫用；職権を濫用している
> eingestürzte Häuser　　家屋の倒壊；家屋が倒壊した

なお関口も断っているが，例えば mißbrauchte Amtsgewalt が「職権の濫用」ではなく，「濫用された職権」という意味で使われる場合は，「正構」であり，「錯構」ではない。（「錯構」について詳しくは，『冠詞』，第三巻，第十一章「錯構」を参照されたい。）

まず根本的な二大別から考えてみよう。言［げん］を言によって表現するのが正構であり，言を語によって表現するのが錯構であることは，おそらく誰にも首肯し得るところであろうが，このわかり切った事実は，わかり切ってしまうと甚だ危険である。真理が人間の意識に徹底しないのはすべてあまりにも簡単にわかり切ってしまうところから来る。まず，斯く問うてみようではないか：「言を語によって表現するのが何故錯構か？」

それは，そうすると，言が言ではなくて，あたかも語であるかの如き錯覚の生ずる余地がないでもないからである。

この「**あたかも ...... かのごとき錯覚の生ずる余地がないでもない**」という表現には，深く注目していただきたい。ドイツ語ならドイツ語という一つの言語に充分慣れた者の意識にはまさかそんな錯覚は生じない。なぜ生じないかというと，ある言語に充分慣れた者がその言語で書かれた物を読んだり其の言語で語られるのを聴いたりする場合には，心にゆとりがあるから，すべてを達意眼目から出立して考える。達意眼目から出立して考えれば，たとえ用語が間違ったり文法が支離滅裂であったりしても話が通ずる位であるから，習慣で許された錯構のごときは，それが錯構であることにすら気がつかないのが普通である。だからドイツ人にはドイツ語について語る資格はなく，日本人には日本語について語る権利はない。また，困ったことには，人間にはそもそも言語なるものについて云々する資格はあまり無いかもしれないのである。── ところが，ある言語に充分慣れない者が其の言語で書かれたものを辞典と首っ引きで判読せんと試みる場合には，すっかり話がちがってくる。そういう場合には，西洋人も日本人も，その他如何なる言語を語る人間も，ほとんど同じ程度の白紙状態に置かれ

る。そして，そうした白紙状態に於ては，西洋人も日本人も，期せずして同一の考え方をする。日本人は日本語的な考え方をし，西洋人は西洋語的な考え方をすると思っては間違いで，何国人も，まるで凡ゆる言語を離れた「人間語」というものが存在するがごとくに，申し合せたように「人間語的」な考え方をするのである。

ところで，この「人間語」なるものは，単に我々の頭の中に形なく存在するきりで，べつにたとえば Esperanto のように形を取って存在しているわけではないから，はっきり証拠を挙げて，これは人間語の文法である，これは人間語にはない，などと云って論ずるわけにはいかないが，しかし，多少の手がかりがないでもない。それはたとえば，ただいま問題になってきた，正構と錯構との区別のごときがその好例である。たとえ何語を母国語とする何国人がドイツ語を習いはじめても，言が言によって表現されてあればこれを正構と感じ，言が語によって表現されてあればこれを錯構と感ずるという点においては，完全に一致するのである。

いわんや，言を語によって表現する場合，Mißbrauch der Amtsgewalt の方を正構と感じ，Mißbrauchte Amtsgewalt の方を錯構として感ずるに至っては，まるで数学の問題で凡ての人間の考え方が一致するのと同じように，何国人の考え方も一致する。Mißbrauch der Amtsgewalt の方では Mißbrauch という「動作名詞」が基礎になっていて，der Amtsgewalt の方は単にそれをさらに詳しく規定しているにすぎないから，達意眼目から言って Man mißbraucht die Amtsgewalt あるいは Die Amtsgewalt wird mißbraucht と一致するが，Mißbrauchte Amtsgewalt の方では関係が逆であるから，この文法形式は本来から言って文章らしき何物をも持っていないのである。この方では，基礎とならなければならない筈の動詞的な部分が，逆に規定的な部分となっている。

【『冠詞』，第三巻「無冠詞篇」，第十一章「錯構」，534 ページ，太字関口，角カッコ補足と波下線佐藤】

③ 「事実」と「事実の考え方」と「言語表現」
―「意味」と「意味形態」［その1］―

関口が以下で言う「事実」とは，「言語外事実」（außersprachliche Wirklichkeit）のことである。関口は，新聞からの次の一文を手がかりにして論考を展開する：

Die britischen Militärbehörden in Hongkong treffen alle Vorbereitungen für den Schutz der britischen Kronkolonie bei einem japanischen Angriff auf Kanton. (Z. 1937)
在香港英軍当局は，日本軍が広東を攻撃した場合に備えて，此の直轄領土の防衛に万全の準備をととのえつつある。

上例の bei einem japanischen Angriff は，換言するならば bei einem etwaigen japanischen Angriff（或いは行われるかも知れない日軍の攻撃）であって，此の einem の一語は Angriff が「予想される Angriff」なることを示さんとするものである。或いは，一般的に云うならば，未然に向かって企画された仮構の Angriff である。予想も未然への企画の一種である。

未然への企画という特徴づけにおいて，重要なのはあくまでも「企画」という方であって，「未然」とか「未来」とかいうことは，単に此の仮構という意味形態の一側を明らかにせんがための仮の見地にすぎない。何故に不定冠詞を用いるかという理由は「企画」なるが故にであって，決して「未然」なるが故ではないのである。それが証拠に，此の新聞記事が書かれた当時においては，日本軍が広東を攻撃するということは未だ未然の事実であったのであるが，日本軍の側では既に準備を進めていたことにちがいないから，もし日本軍の参謀が此の未然の広東攻撃についてお互い同士の間で話をする際には beim japanischen Angriff auf Kanton と云うのが正しいであろうし，計画を知らない外部の者が語る際には bei einem ということになる。未然という見地からは両者とも同じでなくてはならないが，その未然を「既定と考える」側では定冠詞を使用し，「仮構と考える」側では不定冠詞を使用する，というわけである。

「……と考える」というのは事実とは直接関係のない思惟形式（即ち意味形

31

態）であるが，未然とか未来とかいうことは，思惟形式とは何の関係もない客観的事実である。故に，未然に属することは不定冠詞を用いる，などという定義をするとすればそれは甚だ非意味形態論的定義になってしまうであろう。「事実」と「その言語表現」との間には直接何の関係も存在しない。「事実の考え方」と「その言語表現」との間にこそ関係が存するのであって，此の関係を確立し，定義し，描出するのが意味形態論の使命である。

【『冠詞』，第二巻「不定冠詞篇」，第十章「不定冠詞の仮構性の含み」，550, 553-554 ページ，直下線関口，波下線佐藤】

//////////////////////////////////////

> 関口は，「意味形態」という術語，そして「意味」という術語を「いくつか異なった」意味で用いる。**関口文法を正しく理解する**上で，注意が必要なところである。以下の引用においては，
>
> 　「意味」は「言語外事実」であり，
>
> 　「意味形態」は「その事実についての考え方」である。

事実の如何にかかわらず，考え方は考え方だ，というのが，これが言語の世界，すなわち意味形態の世界の原則である。ひどいのになると，たとえば「円い三角」とか，「三角形の円」などというものは，実際としては存在しもせず，また単に念頭で考えてみることすら不可能である。考えてみることすら不可能というのは，それは「意味」を成さないからである。では，意味を成さないからといって，言語を以て表現することも不可能であろうか？ Ein rundes Dreieck とか Ein dreieckiger Kreis と言おうとすると，舌がもつれて，或いは万年筆がけつまずいて，どうしても口にも言えず紙にも書けないであろうか？　否否，断じて否！　立派に発音もでき立派に紙にも書ける。それは何故か？

答は簡単である：「意味」と「意味形態」とは別物だからである。「意味」を成さないことでも「意味形態」は成すからである。そして，「意味」ではなく，ただ「意味形態」のみが言語の世界では問題になってくるのである。ein rundes Dreieck と云っても文法上の誤にならないのは，文法では「意味」を問題にせず，その意味の「形態」のみを問題にするということの何よりの証明である。

具体化規定と特殊化規定とは，「意味形態」上の区別であることを特に強調しておきたい。

【『冠詞』，第一巻「定冠詞篇」，第一篇「指示力なき指示詞としての定冠詞（概論）」，24 ページ，波下線佐藤】

///

たとえば Ich habe die Ehre, sein Freund zu sein と言った場合に，此の sein Freund zu sein という zu 不定句が die Ehre を規定する句であるということは誰しも認めもし，また現に規定とか修飾とかいったような言葉でもって此の関係を云い表わしているが，規定という考え方だけで凡てがわかったと思うのは飛んでもない考え違いである（少くとも言語現象に関して何等かの理論を立てたつもりでいる人，即ち文法家にとっては）。即ち，たとえ初学者といえども，往々にして次のような意味形態論的な疑問を起す......（中略）......：これはいったい Ich habe die Ehre: sein Freund zu sein といったような，同じことを云い直したような関係になっているのですか，それとも sein Freund zu sein という句の全体を一つの名詞と見ると，ここは言わば名詞の二格の形にあたり「かれの友人である**ということの**光栄を持つ」というわけなのですか？

これも実は ......（中略）......，あまりにも意味形態にこだわりすぎた愚問という可きである。......（中略）...... 方器と円器とが与えられてある場合，水を方器に盛るか円器に盛るかは吾人の随意である。誰か水の方円を知ら

ん！水の方円を決しないと，飲んでも飲んだ気がしないというのは，あまりにも極端な意味形態至上論者である。Ich habe die Ehre, sein Freund zu sein という文法形態が何等かの意味形態を持ったり帯びたり含んだりしているのではない ......（中略）......。そうではなくて，関係はその逆である。そも人生の諸局面には，たびたび「わたしはあの方を存じ上げております」という「**意味**」[＝「言語外事実」]のことを云わなければならない事が起ってくる。その時に，<u>その「**意味**」を一足飛びに直ちに「**言葉**」にすることはできない。まず何らかの「**考え方**」をしなくてはならない</u>。その考え方は日本人と西洋人とでは違う。西洋人は期せずして「私はかれの友たる光栄を有す」という考え方をする。<u>この考え方が意味形態である</u>。ところが，此の意味形態は，なお詳しく云うと，二つの意味形態によって考えられる。それは「かれの友たること」の部分である。この部分と「光栄」という語をつなぐのに，二つの<u>考え方</u>（即ち意味形態）がある。それは換言的規定という形態と，具体化規定という形態とである。—— ところが（茲が問題の焦点である！）**文法形態**としては Ich habe die Ehre, sein Freund zu sein という，与えられた二つの意味形態というヂレンマを綺麗に解消し，両者を一致せしめる好都合な形が偶然与えられているのである！

【同所，28ページ，太字関口，角カッコ補足と波下線佐藤】

/////////////////////////////////////

関口は，すぐ上の引用にもあるように，「意味（＝言語外事実）」と「意味形態」の違いをしばしば「水」と「器」にたとえ，「水に方円なし，器に方円あるのみ」と表現する。

早速断わっておかなければならないのは，「意味」と「意味形態」とを混同してはならないという点である。可算名詞とか不可算名詞とかいうのは「意味形態」であって，たとえば「発展」なら「発展」という名詞によってさしずめ考える「意味」とは —— 極言すれば —— 言わば何の関係もな

い。意味は譬［たと］えば水で，意味形態は器である。水はそのまま持ち運ぶわけに行かないから必ず方円の器に盛るが，方器に盛ったからとて水が四角なのではない。水に方円なし，器に方円あるのみ。たとえば，「発展」（Entwicklung）という語は可算名詞か不可算名詞か？といったような疑問を起したり，可算名詞であれば従って不可算名詞でなく，不可算名詞であれば必然的に可算名詞でない，といったような考え方をすることは厳禁である。Wir haben Entwicklungen durchgemacht（我々は色々と発展段階を通過してきた）といえば Entwicklung は可算概念（擡頭［たいとう］から高潮を通じて解消に至るまでの，まとまった一発展）として考えられたものであり，Auf diesem Gebiete ist wenig Entwicklung zu bemerken（此の部門では大した発展も見受けられない）と云えば，その Entwicklung は「活気」や「動き」や「熱」や「火」と同列の不可算名詞として考えられている。ここでは単に「器に方円あり」と云っているのであって，「水に方円あり」といっているわけではないのである。

【『冠詞』，第一巻「定冠詞篇」，第二篇「通念の定冠詞」，第二章「普遍妥当命題の主題目となる全称概念の八型」，414-415 ページ，角カッコ補足と波下線佐藤】

///////////////////////////////////////

> つまり関口はここで，「意味」（＝ 言語外事実）を「水」に例え，その「言語外事実」についての「考え方」（意味形態）を「器」に例えているのである。次の引用を参照されたい。

類語を一挙に対立せしめるところから生ずる統一感をねらう，というのは，換言すれば「類語の一括」と云ってもよかろう。此の類語の一括という操作は「意味形態」である。すなわち「考え方の問題」である。言葉の上の形式こそ異なれ，その「考え方」（即ち意味形態）においては，どの国語にもなければならない筈のものであり，そもそも人間の頭なるものの思惟操作なのである。……

意味形態が「意味」の「形態」であって，意味そのものとは当面まず大した関係がないということは，さきに挙げた分解的列挙に二種の表現法があり，定冠詞を用いてもよければ無冠詞でもよいという，この一見「あいまいな」事実によって最も雄弁に立証される。<u>水そのものには方円の区別はない。方円の区別は器にある。意味は水であり，意味形態は器である。</u>

【『冠詞』，第三巻「無冠詞篇」，第五章「対立的掲称（2）　類語対立に関する概説」，257 ページ，波下線佐藤】

ここで関口が「意味」と「意味形態」を対立させた時，次のような対応があった：

　　　　「意味」＝「事実」，つまり「言語外事実」

　　　　「意味形態」＝「その事実についての考え方」

その一方で関口は，ドイツ語，日本語などの「個々の言語（個別言語 Einzelsprache)」に特有な意味内容を同じように「意味」と呼んで，「意味形態」と対立させることがある。ここで述べた「意味と意味形態」との対立と**混同してはならない**ところであり，注意が必要である。この二つ目の「意味と意味形態との対立」については本巻第二部「②**「意味」と「意味形態」**［その 2］」で，具体的な例文とともに述べたい。

---

④ 達意眼目

関口がその文法理論を展開する上で特に重んじる概念のひとつに，「達意眼目」というものがある。「達意」とは「意を相手に伝えること」である（参照：『冠詞』，第二巻，17 ページ）。「達意眼目」とはしたがって，「意を相手に伝える」際の主眼，あるいは要点ということになる。ドイツ語で言えば Mitteilungsziel，あるいは Kern des Mitgeteilten となると思う―― 関口自身は「強調せんとする達意眼目」の訳として <u>Das zu betonende Worauf des Ankommens</u> という

ドイツ語を用いている（参照：『冠詞』，第三巻，159 ページ）。

さて関口は，「達意眼目」をどのように定義し，あるいは説明しているであろうか？

その具体的な場合に言わんとする結局の意味，その具体的な場合において相手に伝えんとする具体的な用件の中心眼目，一言にして云えば達意眼目がどうなるか……

【『冠詞』，第二巻「不定冠詞篇」，第九章「内的形容規定を含みとする不定冠詞」，507 ページ，波下線佐藤】

//////////////////////////////////

与えられた文を反訳する場合，健全な感じを持った者として，まず真っ先に考えなければならない最大関心事は，その文全体の達意眼目である。達意眼目とは，平ったく云えば，伝えんとする用件である。およそ「伝えんとする用件」ほどはっきりしたものはない。達意眼目が不明のまま筆を執る反訳者があるとしたら，それは，たとえば用件が不明のまま電話口に立って，エエもしもし，と口を切ってしまった男と同様である。電話は，はっきりした話を要求する。手紙は時に不得要領でいいこともあるが，電話は絶対に不得要領を許さない。―― 達意眼目ということを真に理解しようと思ったら，常に電話口に立った瞬間の気持を考えればよかろう。「これなら，相手を呼び出して，ええモシモシ，と云って，すぐ言葉が継げる……」という自信が生じたら，それが達意眼目なのである。

【『冠詞』，第三巻「無冠詞篇」，第三章「反射的掲称」，167 ページ，波下線佐藤】

//////////////////////////////////

達意眼目というものは，レンズの焦点のごときものであって，単一な一点である。二点であってはならない。「「馬鹿も休み休み言え！」ではなく「馬鹿を休み休み云え！」」というと，達意眼目が二所に分岐するのである。「休み休み云え！」だけに焦点がなくてはならない筈で，「馬鹿」は，言わば有っても無くてもよい埋め草で，一種の代名詞的要素にすぎない筈であるのに，「馬鹿を」というと，忽ちにしてこれが伝達の一重要用件と化してくるのである。それでは達意眼目が歪んでしまう。（ドイツ語にはこうした達意眼目の歪みを形容する abwegig「本筋を外れた」という好い形容詞がある）

【『冠詞』，第三巻「無冠詞篇」，第三章「反射的掲称」，162 ページ，直下線関口，角カッコ補足と波下線佐藤】

/////////////////////////////////////

およそ小説を読むにしても，新聞を読むにしても，論文を読むにしても，手紙を読むにしても —— およそ，どんなくだらぬ事が書いてあるのを判読するにしても，はたまた，どんな幽遠な，玄妙な哲理が述べてあるのを解読するにしても，……（中略）…… いやしくも地球上の人間がこの数千年以内に書いた文章である限りは，たとえそれが数千年以前のエジプト語であれ，ギリシャ語であれ，梵語であれ，たとえそれが現代のドイツ語，英語，フランス語，その他何語であれ，……（中略）…… すべて「達意眼目」というものがあります。そして —— これが驚くべき事実なのですが —— 達意眼目は，大抵の場合，人が普通思っているよりは，ずっとずっと簡単なものなのです。

語学で苦労しはじめてから四十年，その間，ありとあらゆる種類の文献で頭を悩まし，また他の多くの人が頭を悩ますのを見，教室では学生がヘンテコな訳をつけるのを聞かされ，書斎では靴の裏から足の裏を掻くような

ホンヤク書を読まされて六十年の今日に達した私として，もし誰かが私にむかって，「語学者として後輩に何か言い遣す好いことばはないか」と言って問うとしたら，私は言下に答えるでしょう：「達意眼目は簡単な筈だ！」

　　　　　　　……（中略）……

…… 複雑微妙なことの言ってある文章があったら，その複雑，その微妙を，最後の暗い隅へまで追いつめて，それを書いた当人自身が恐縮して顔まけするほど複雑且つ微妙に解釈してごらんなさい。そうしたらその複雑が如何に単純な複雑であり，その微妙が如何に簡単な微妙であるかが，大抵の場合まるで一口噺のように暴露するとしたものです。これを称して達意眼目，或いは「けっきょく言わんとするところ」という！複雑微妙は表現であって，達意眼目は一点に集中した簡単なものである筈です。それは何故か？　理由は簡単です。すなわち「人間のことば」だからです。カンガルーのことばではないからです。

以下に，典型的な一例を挙げてみましょう。多情多恨の女王が犯した罪のことが問題になっている所ですが，乳母が女王をさとし慰める言葉に：

> Ich wiederhol' es, **es gibt böse Geister,**
> **Die in des Menschen unverwahrter Brust**
> **Sich augenblicklich ihren Wohnplatz nehmen,**
> **Die schnell in uns das Schreckliche begehen**
> **Und zu der Höll' entfliehend das Entsetzen**
> **In dem befleckten Busen hinterlassen.**
> Seit dieser Tat, die Euer Leben schwärzt,
> Habt Ihr nichts Lasterhaftes mehr begangen.
> *(Schiller: Maria Stuart 1. 4.)*

さきほども申した事ですが，世にはおそろしい悪霊がございまして，ふとした油断の隙に乗じて人の胸に忍び入り，ほんのしばらく腰をおろしたかと思うと，矢庭に，何か飛んでもない取り返しのつかない罪を犯させ，犯させると同時にサッと元きた地獄へ引きあげてゆく，ギョッと気がついて己を顧みた時には時すでにおそく，心は罪に汚れている，といったようなことがございます。

あの御所業は，あれはたしかに陛下の御生涯の汚点ではございましたが，
あれ以来は別に何一つ悪いことをあそばしたわけではございませぬ。

太文字で印刷した六行の達意眼目は，日本語で言えば要するに「魔がさした」の一語に尽きます。ドイツ語には残念ながらこの「魔がさす」という通念がないために，複雑微妙な，蜿々長蛇のごとき六行の詩文が展開されてしまったというわけです。

「けっきょく何のことを言おうとしているのか？」これが言語と思想との間のギリギリ一杯最後の関係です。「一つの箇所で二つのことを言おうとするわけはない」。これが言語の最後の原理です。

【「言語と思想：達意眼目」，基礎ドイツ語 1957 年 4 月号；『関口存男の生涯と業績』に再録，324-327 ページ，太字関口，波下線佐藤】

/////////////////////////////////////

┌───┐
　この「簡単な」達意眼目の重要さと勢いは，さらに（関口文法の基本に流れる）「話し手の立場」から説明されていく。
└───┘

あらゆる言語現象の一皮むいた下に生動しているのは達意眼目であって，達意眼目に向かってピントを合わせる努力の現われが言語なのである。故に文法も亦，語形から出立して達意眼目を求めたりするのではなく，達意眼目から出立して語形を説明するのでなければならない。

【『冠詞』，第一巻「定冠詞篇」，第三篇「形式的定冠詞」，第六章「迂言前置詞と温存定冠詞」，872 ページ，波下線佐藤】

/////////////////////////////////////

...... 普遍妥当命題と一口には言われない ......。たとえ「3に2を足すと5になる」という，ほとんど典型的と云ってもよいほどの普遍妥当命題といえども，それを<u>如何なる意図の下に口にするか</u>によって，それに関して述べられる文法論も亦大いにちがってこなければならない。<u>此の意図なるものを仮に達意眼目と呼ぶならば，文法形態をば出来るだけ達意眼目の側から整理（或いは説明）し，出来ることならば，達意眼目そのものの中へも多少の秩序と見通しとをもたらさんとするのが意味形態論の使命である。</u>

【『冠詞』，第二巻「不定冠詞篇」，第九章「内的形容規定を含みとする不定冠詞」，507 ページ，波下線佐藤】

///

錯構がどうして伝統的に許されるようになるか，という心理関係を考えてみることは言語とか文法とかいったような現象について考える上に，非常に参考になる。その関係は，一言にして断じ去ることができる。それはすなわち，<u>達意眼目の前には文法もへったくれもない，</u><u>という此の逞しい人生の一大事実</u>である。達意眼目というものは，大抵の場合，口を開かざるに先立ってすでに色にあらわれ，耳に達せざるに先立ってすでに脳底にひびいていることが多く，そうでない場合といえども，一言一句を聴いて其の文法関係をつまびらかにしなければ達意眼目がつかめないなどということは，習いたての外国語の場合にのみ生ずる現象で，母国語の場合には，数十の単語が耳朶を打つ間に，一語が明瞭に理解し得さえすれば，他は混然としていても，<u>達意眼目すなわち要旨は間違いなく心に伝わる</u>ものである。達意眼目は，<u>たとえ文法が滅茶苦茶で用語がまちがっていてすら通ずる。</u>たとえまちがって正反対のことを云ってしまっても正しく通ずることがある。

【『冠詞』，第三巻「無冠詞篇」，第十一章「錯構」，537 ページ，波下線佐藤】

⑤ 「言語」から「思想」への影響

> 関口は，「言語」と「思想」の関係について，「思想が言語を規定すると同時に，逆に言語もまた思想を規定していく」と言う。興味ある主張である。

言語と思想，もっとはっきり云えば言語と表象との間に支配する関係には色々と面白い事実がありますが，その中でも，言語が表象の出発点となる場合ほど面白い事はありません。

人は普通言語が表象から来ると思っている。即ち『こういう考え方があるから従ってこういう言い廻しが起ってくる』という風に考えている。それはなるほど大体に於て正しい。けれども，細かい事になるというと，その真っ向の反対もあるという事を忘れてはならない。即ち『そういう言い廻しが出来るものだからついそういう考え方が起ってくる』という場合がかなり多いのです。

もっと露骨に云いますと，人間という奴は単に『考えられる限りの事を言葉にする』存在ではなくて，同時にまた『言葉になる限りの事を考える』動物なのではないでしょうか。

たとえば，日本人だったら『腹の底でクックッと笑う』と言う。この『クックッ』は，これはどうしても『クックッ』でなくてはいけないので，『クスクス』では面白味の半分が失われてしまう。……（中略）…… ── さて此の『腹の底でクックッと笑う』というのをドイツ人だったら何と言うでしょうか？

ドイツ語には日本語のような onomatopoetische Adverbia が甚だ少ないから，クックッというのをちょっとどう言ったら好いかわからないが，その代りには日本語に無い可能性があって，たとえば in sich hineinlachen（己自身の中へ向かって笑い込む）などと言う事ができます。……

…… （中略）……

前置が少し長くなりましたが，in sich hineinlachen の説明の準備として，日本語の擬音的副詞を引合いに出したのは，要するに<u>どの国語にもそれ独特の可能性というものが備わっていて，其の可能性が備わっているために其の国語に特有な或種の考え方が発展する</u>という事実を述べようとしたのです。如何となれば『己自身の中へ向かって笑い込む』などという考え方は，日本人だったら想いも及ばない事ですが，既に in と Akkusativ が或る種の可能性を提供していて，そうした考え方の傾向が文法によって与えられているドイツ語では，他の国語ならば夢にも考えないであろう様な考え方が，何かの機会にごく自然に起ってくるという事は充分考えられます。その点は，今までに述べた，聴覚の感覚への転用が，擬音的副詞の少ないドイツ語では夢にも考えないであろう様な，これはまた実にすばらしく芸術的な日本独特の考え方を発達させてきたのと同じことであって，<u>敢えてドイツ語のみを面白がらなければならない謂れは何処にもないのでありま</u>す。

【『ドイツ語学講話』，〔18〕「言語に於ける『可能性の濫用』」，360，363 ページ，波下線佐藤】

/////////////////////////////////////

Was das Kind für ehrenrührige Ausdrücke braucht, sagte der Maler und *schmunzelte in sein Glas hinein. [Tieck: Die Gemälde]*
妙に感情的な文句を使う女だな，と画家は云って，コップを唇にあてがいながらニヤリと笑った。

　　　　　　……（中略）……

…… ins Glas schmunzeln した際に，das Schmunzeln（微笑）がコップの中に溜まってタバコの煙の如くに渦巻くということは，これは単に一つの空想であって，考え方としては面白いが，要するに一つの考え方である。日本人であったら，コップの中へ唾汁を吐く，という事は考えるかも知れないが，コップの中へ微笑むという事は考えない。またそれは考えないの

が普通なのであって，それを考えるドイツ人は，日本人とは頭の構造が少しちがっているのかというに，そうでもない。頭の構造は日本人もドイツ人もちっとも違わない。違うのは，**既に存する言語の中に含まれている特殊な可能性**です。この場合，日本語にはそうした可能性がないからして日本人はわざわざそんな事は考えないのです。ドイツ人だって，考えたくもないのに『わざわざ』そんな奇抜な事を考えたというわけではない。ドイツ人だって我々と同じ程度の忙しい生活を送っている人間なのですから，『わざわざ』そんな事を考える訳はない。ただそういう可能性が強烈に動いている言語を使用している結果，ついその，その可能性へ足を滑らし込んでしまうきりの話です。

何がドイツ人をそうさせたか？ —— in + Akkusativ がそうさせたのである！

......（中略）......

...... どの国語にも，或種の特有な，他の国語には見受けられないような考え方をさせる為の契機が，文法的に，語学的に，純形式的に，夥多［かた＝おびただしく］ひそんでいるという事になってきます。思想が言語を規定すると同時に，言語も亦思想を規定していくものであるという事実は，斯くの如き方面からも立派に証明されるのです。こうした現象によって最も甚大なる影響を蒙るのは，先ず何を措いても第一に哲学の方面であろうという事は想像するに難くもなく，また立証するにもそう困難なことではないと考えます。度々引合いに出す Heidegger などがそれで，Heideggerとドイツ語とは絶対に分つことが出来ません。そういう意味に於て，言語と思想との関係を考える時に，少くもドイツに於ては，私は Heidegger の場合が最も面白い問題を提供していると考えるのであります。

【同所，365-367 ページ，イタリック，太字関口，角カッコ補足と波下線佐藤】

/////////////////////////////////////

44

外側に向かって加えられる動作を示す an

an の本質は，たとえば in の反対とも云う可きで，in が内部を指すに反して，an は外部を指します。ただし，外部と云っても，außer や außerhalb とはちがって，その物を遠く離れた外部を指すのではなくて，すぐ其の物体の一部をなしている『外面』又は『外側』を指すのです。たとえば『かれは 壁に 耳を あてて 聴いた』を Er legte das Ohr *an die Mauer* und lauschte と云ったり，『キリストは十字架の露と消えた』というのを Christus starb *am Kreuz* と云ったり，……（中略）…… すぐ其の物の一部をなしている外面を an で表現するのが普通です。

だから，日本語では『戸を叩く』と云っても，an という意味形態を持っているドイツ語は，die Tür klopfen と云うことは語感が許さない。どうしても an die Tür klopfen 又は an der Tür klopfen と云わないと気がおさまらない。いっそ an などというものが無ければそんな詳しい表現は考えないのでしょうが，すでに道具が具わっている以上は，それを用いないでおくという法はないから，どうしても an die Tür klopfen と云わないではいられないということになるのです。

これも既に度々私の強調してきた意味形態論的見地からの一つの重要な筋路ですが，一つの国語に於て，他の国語に見られない或種の微妙なニュアンスが特に尊重されて，そのために事が多少煩雑に亘っているという場合には，その民族が特に或種の関係に対して他民族以上に細やかな感じを持っているためにそうした区別を設ける必要が生じてくることも全然無いではないが，それよりももっと実際的によく起ってくる現象は，**その国語に於て既に存する表現手段が意識の裡にあまりにも溌剌として活動しているがために，使えそうな所が出てくるたびに無闇にその手段を用いようとする傾向があること**，此の点です。換言するならば，表現せんとする思想が複雑であるためにその表現手段が複雑になっていくこともないではないが，それよりももっと普通なのは，**既に表現手段が備わっている結果，それが逆に思想の複雑化を招来し，時には進歩を促す契機とすらもなる事がある**という本末転倒的珍現象です。只今の例で云うならば，ドイツ人が特に表面と外側とを想わせる an を用いて an die Tür klopfen と云うからといって，まさかドイツ人だけが扉をノックするのに一種独特な手つきをす

る習慣があるわけでもなければ，また特に an と云わなければ気持ちがおさまらないほどノックなるものに対する『表象』が他国人と甚だしく相異しているわけでもない。もし多少表象の相異があるとするならば，それはむしろ逆に an という言葉を使うことから生じてくる相違であるに違いない。

【『ドイツ語学講話』，〔19〕「部分的処理完成の an」，379-380 ページ，イタリックと太字関口，波下線佐藤】

⑥ 意味形態文法と人間
── 人間は未来一辺倒の存在物 ──
── 企画話法 ──

本書の「扉裏」に載せた関口の次の言葉に注目されたい。関口が，「言語の研究」を「人間の研究」と理解していたことが如実に物語られていると思う。

私はつまり語学というものに，肉を盛り，血を通わせたいのです。過去分詞とか定形とか主語とか接続法とかいったようなものの背後にどんな生々しいものがむくむくと動いているかを述べたかったのです。

【『独逸語大講座』，第3巻，巻末「言は事なり」，17ページ，波下線佐藤】

/////////////////////////////////////

同様の趣旨は次のようにも述べられる。

言語現象の面白さの九分九厘までは，其処に曝露している「人間の心」と

「意識の姿」…… である。あとの一厘が，語尾変化と語源と形式と語形である。

【『冠詞』，第三巻「無冠詞篇」，第四章「対立的掲称（1）　同語の対立」，226 ページ，波下線佐藤】

//////////////////////////////////////

筆者自身の経験によると，世におよそ「わかり切った」と思われている事柄ほどわかり切らぬ事柄はなく，それがまた，その「わかり切った」事柄をはっきりと言葉にして言い表してみる時に受ける感じである。また，そうした場合にきまって再認識するのが，例の，Pope の言として伝えられている Das eigentliche Studium der Menschheit ist der Mensch（The proper study of mankind is man）という真理で，一見言語を研究しているように見えても，実は「人間」を研究しているのだ，という事実に思いあたるのがとりもなおさずそういう体験である。── 意味形態論的方法の文法とは何か？ という問に対しては，なんなら，この考えから出立して，次の如く答えてもよいであろう：「意味形態論的文法とは，その個々の認識を全部集積したならば恐らく『これが人間である』と言い切ってよろしい様な断面にむかって認識を推し進めていく文法である。」── かるがゆえに，いわゆる「わかり切ったことがら」こそ意味形態論にとっては最も恐ろしい，不気味な謎なのである。

【同書，第五章「対立的掲称（2）　類語対立に関する概説」，271 ページ，波下線佐藤】

//////////////////////////////////////

さて関口によると，「人間とは『未来一辺倒』の存在物」であり，言語は，人間のこの「せわしない意識をそのままに反映する」現象なのである。

行動局面や事態をズバリと一つの合言葉によって表現する場合を一般的に概観するというと，そもそも吾人「人間」なる存在物は，度々云う通り，未来一辺倒の存在物であって，未来という恐ろしい吸引力を持った真空のために生ずるあわただしい運動そのものが人間の意識そのものであり，その未来，その真空の真の名は死なのであるが，言語もまた此の実情を端的に反映していて，大部分の行動局面は「要求内容」を合言葉として表現する。たとえば「撃て！」は Feuer! であり，「どいた，どいた！」は Platz! であり，「失礼！」は Pardon! であり，「静かにしろ！」は Ruhe! であり，「助けて！」は Hilfe! である。

【同書，第一章「掲称序論」，14-15 ページ，波下線佐藤】

/////////////////////////////////////

話は大きくなるが，人間は未来一辺倒の存在物である。かれにとっては，過去はもはやどうでもよく，現在はウワの空である。かれの関心は，しずこころ［静心 ＝ 穏やかな落ち着いた心］なく，あたふたと，ただひたむきに未来へ未来へと指向する。従って，此のせわしない意識をそのままに反映する言語という現象においては，「未然への企画」という思惟形式，すなわち企画，準備，予想，希望，危惧，配慮，期待，目的，試み，覚悟，処置，決心，等々は，語彙においても豊富であり，表現に於ても諸種の微妙な問題を惹き起す。その一つが冠詞の問題である。

「仮に念頭に一つの表象を設けて考えてみる」という思惟方式，すなわち「仮構」という意味形態は，未来に関する場合には「企画」（Entwurf）として其の特徴を云い表わすのが適当かと考えられる。なぜというに，仮定や仮構という語は，時間的要素を見地に取り入れない表現で，此の際の時間的見地を一語に要約するには，多少特殊すぎるかも知れないが「企画」という語によって，試み，処置，準備等は申すに及ばず，希望や期待や危惧や用心の類まで一括することにする。これは筆者の独創ではなく，すでに Heidegger（Sein und Zeit, S. 145）が用いている用語である。

【『冠詞』，第二巻「不定冠詞篇」，第十章「不定冠詞の仮構性の含み」，550ページ，角カッコ補足と波下線佐藤】

//

目的というのは，つまり脳裏に企画された未発の「行為」であって，それはもはや「動詞」の一種であるというも過言ではない。もちろん，言葉を簡潔にするために，たとえば「金が目的でやってきた」などと云うけれども，それは実は「金を調達するために」或いは「金を儲けるために」やってきたのであって，「金」そのものは単に「目標」であって，「目的」ではない。「目的」は調達か，獲得か，工面か，何かそうした動作概念である。目的ということが如何に動作そのものであるかということは，大抵の言語においては einkaufen gehen（英：go shopping），fischen gehen（英：go [a-]fishing）など，何等目的表現の語を必要とせずして，単に不定形（ドイツ語：不定形；英語：gerund；フランス語：不定形；ラテン語：supinum；ギリシャ語：不定形，分詞：サンスクリット語：supinum 的不定形）を直結するのみで目的表現をするのが最も素朴な型をなしているという一事を考えただけでもわかるであろう。

即ち，すでに zu 不定句の zu 的性格に関して論じたことは［注：『冠詞』，第一巻，157，175-178，180-192 ページ，および本巻第二部，「⑳ zu **不定句の多岐多様な性格**」を参照］，そもそも不定形そのものの本質に関しても云えるのである。だいいち，不定句なるものがドイツ語においても英語においても，またフランス語に於ても，専ら将来性の顕著な zu, to, à（フランス語は de と à の二途に分れるが，de については別に述べる）と結びつく事になったという具体的事実（たとえばどうして mit とか von とか in とかが形式的要素として採用されなかったか……）が這般の消息を雄弁に物語るものではなかろうか？　要するに，過去・現在・未来という時の関係から考えてみると，不定形なるものは，その本来の傾向は未来的である。未然・未定・企画中の gehen を指して専ら gehen というのがその本来の用法であって，

「不定」形という漠然たる形容は恐らく此の趣旨のものであるに相違ない。私はむしろどうしてもっと無邪気に「未定形」と呼ばなかったかを不審がるものである。……

要するに，甚だ大雑把な言い方ではあるが，不定形の本来の姿は未定形であって，schlafen ならば，schlafen することを「欲し」たり，「望ん」だり，「試み」たり，「命じ」たり，「拒絶」したり，「恐れ」たり，「避け」たりすることを専ら schlafen というのが最も原始的な用法であるばかりでなく，それがまた現在においても七八割までを占めている用法である。

では，なぜ不定形の意味形態は，<u>過去にも傾かず，現在にも傾かず，ただただ専ら未来にのみ傾く</u>傾向を持っているのであろうか？　それは，そもそも御同様が<u>「人間」</u>という一風変った未来一辺倒の実在物である所から来ている。人間とは何か？　人間とは，「おぎゃあと生れてからギャフンと死ぬまで，昼は日ねもす夜は夜もすがら，とにかくモウ，あたふたと，しずこころなく，ただただ未来へ未来へと，ひたむきに向いて向いて已まざる何等かの怪しの物の姿」なのである。

<u>時に三種があって，分って過去・現在・未来とする，</u>という考え方は本当は飛んでもない転倒錯誤であって，まるで立体の物を平面図で描いて見せたような浅薄さがあることを忘れてはならない。平面図は平面図としてしか考えてはならないので，平面図が物事の実際の関係を忠実に表わしているなどと思うと飛んだ間違いが起ってくる。星空を眺めて，アルデバラン星が「おうし」座のすぐ側にあるからといって，アルデバランが本当に「おうし」座の近くにあると思ったらどうであろう？

【『冠詞』，第一巻「定冠詞篇」，第三篇「形式的定冠詞」，第四章「不定形名詞と形式的定冠詞」，807-808 ページ，角カッコ補足と波下線佐藤】

/////////////////////////////////////

「未来一辺倒の人間」，そして「企画」という考え方から，「企画話法」という
文法概念が生じる。

次の引用の 1 行目に出てくる「zu 的性格の顕著なる zu 不定句」については，（す
ぐ上の引用でも「角カッコ補足」として述べたように）本巻第二部「⑳ **zu 不
定句の多岐多様な性格**」のうち [E]「zu 不定句の zu 的性格」，および『冠詞』，
第一巻，180-192 ページを参照されたい。

動詞の zu 的性格一般について :

此の項の最初に列挙した，zu 的性格の顕著なる zu 不定句を支配する先行
名詞（命令，要求，招待，勧告，動議，強要，警告，課題，懇願，忠告，提議，
指令，暗示，教訓，許可，権利，義務，約束，誓，希望，本能，習慣，意図，
目的，試み，用意，傾向，恐怖，心配，能力，危険，適性，機会，手段，等）
には全部に共通な一つの意味形態が伏在し，これを概念的に把捉しようと
すると，未遂性，可能性，企画性といったような，すこぶるロレツの廻ら
ぬ下手な哲学用語が飛び出す外なく，私としては，心眼で広く見通し，
現にはっきりと直観で把捉している此の相（すがた）を，どう輪郭づけし
ていいか，文句がみつからなくて実に歯がゆい気がする。結局，眼にはっ
きり見えるものほど言葉では云えないものらしい。重要な意味形態ほど
「定義」は不可能で，ただ「形容」する位が落ちである。そこで，仕方な
しに，此の形態を，動詞の「企画話法」，或いは単に「zu 的性格をもった
用法」と呼んでおくことにする。

[注：この段落の最初で述べられた「『zu 的性格の顕著なる zu 不定句』を支配す
る先行名詞」については，本引用のすぐ下に続く「囲み内の説明」を参照]

此処には，意味形態論に，私の学力には少し手の届かない重大問題が課せ
られている：企画話法は如何に本質づけられ，且つ如何に印欧諸語の各文
法形態によって筋道立てられるべきか？（本質論については，たとえば
Heidegger の Können, Entwurf その他 Zukunft に関する諸種の Existentiale が
一つの有力な考え方を提供している。文法形態となると，私などよりはもっと
広い範囲に印欧諸語を見渡し得る人でないと手に負えまい）

けれども，私だけの狭い視野から望見しても，「企画話法」という意味形

態はたしかにはっきりと存在するのである。「可能法」（接続法）とか，「希求法」（Optativ）とか「命令法」とかいった文法形態，また「不定法」にせよ，「要求話法」にせよ，「約束話法」，「条件法」にせよ，それらは期せずしてただ一つの「企画話法」の存在を漠然と暗示している，ごく偶然に創出された舌足らずな命名にすぎない。問題は「不定」や「未定」や「可能」や「希求」や「約束」や「決心」や「目的」ではないので，<u>それら全部の根底にある「企画性」</u>である。此の「企画性」の表現手段としてアーリアン系の諸民族は或いは可能法，或いは希求法，或いは不定法，或いは命令法などという語形を創ってきたので，ほんとうに云うと，それらの間には，本質的区別というものは大してないのである。史的に云っても，ドイツ語やゴート語の接続法（可能法）は，ほんとうは希求法から来ている。ギリシャ語においては，希求法が必ずしも「希求」の表現ではなく，他の語の接続法にあたる用法をもっている。サンスクリット語の不定法なるものは，名称は不定法でも，形としてはラテン語の Supinum（itum と itu）と同じであり，用法も zu 的性格の場合，um-zu の場合などが主である。そう云えば不定法（Infinitiv）の「不定」という概念にも，これは verbum finitum（定形，定動詞）の「定」に対立するものではなくて，むしろ「未定法」という意味に解する方が意義があるのではないかと思えるふしがないでもない。要するに不定法という形の実際の用法は，たとえば有名な accusativus cum infinitivo の使用の広範囲なることによってもほぼ暗示される如く，単にドイツ語の範囲だけで考えてはわからない<u>もっともっと</u><u>（……漠然たるものであると思ってはいけない）</u>はっきりとした「企画話法」の一種なのである。

【『冠詞』，第一巻「定冠詞篇」，第一篇「指示力なき指示詞としての定冠詞」，第四章「句または文の附置規定」，191-192 ページ，角カッコ補足と波下線佐藤】

本引用の１行目の「<u>此の項の最初に列挙した</u>，**『zu 的性格の顕著なる zu 不定句』を支配する先行名詞」**について：

「此の項」とは「zu 的性格の顕著な zu 不定句と冠詞の関係」という題名の項を指す（参照：『冠詞』，第一巻，175-192 ページ）。関口がここで「列挙」する例はちょうど百にのぼる。関口は「質の把捉は此処でもまた量の把捉を以て

先決条件とするのである」と述べている（参照：同書，175 ページ）。以下，それらの例文の一部をあげる：Der **Befehl**, vor dem Dorf Halt zu machen: 村の手前で停止せよという命令；Die **Aufforderung**, den Ausflug mitzumachen: 遠足に参加せよという招待；Die **Andeutung**, nötigenfalls zum äußersten Mittel zu greifen: 必要とあれば最後の手段に訴えるんだというほのめかし；Das **Recht**, die Bibliothek der Universität zu benutzen: 大学の図書館を利用する権利；Die **Hoffnung**, auf einen grünen Zweig zu kommen: 何処かうまい所へおさまりたいという希望；Die **Absicht**, die bestehende Ordnung der Dinge um-zuwälzen: 既成の社会秩序を顚覆せんとする意図；Die **Anregung**, seine Kenntnisse auf diesem Gebiete zu bereichern: 此の方面の自分の知識をもっと豊富にしなければならぬという刺戟；Die **Angst**, etwas Verkehrtes zu sagen: 何か間違ったことを云いはしないかという心配；Die **Chance**, die Aufmerksamkeit eines hübschen Mädchens auf sich zu ziehen: 綺麗な娘さんの注目を惹く絶好のチャンス；Die richtige **Art**, sich in der Gesellschaft zu benehmen: 人前に出た際の正しい振舞い方。

⑦ 「事」と「もの（者・物）」

関口は，その文法理論において「事」と「もの（者・物）」とを厳密に区別し，「言語も文法も 99 パーセントまで『事』型に関する現象」と言い切る。

話を根本的なところへ持っていくとすれば …… 筆者の文法観は簡単に斯くのごとくに要約することすらできる：「<u>達意眼目は必ず『事』型の意味形態であって</u>，『物』型や『者』型ではない；文章そのものもやはり必ず『事』型である。文章を構成する各品詞も，名詞の一部（Bruder, Katze, Baum, Bleistift, *usw.*）だけを例外として，他は動詞にせよ副詞にせよ形容詞にせよ前置詞にせよ間投詞にせよ助詞にせよ，すべて『事』型である；かかるが故に<u>言語も文法も 99 パーセントまでは『事』</u>型に関する現象である。」

【『冠詞』，第二巻「不定冠詞篇」，第十章「不定冠詞の仮構性の含み」，521 ページ，波下

線佐藤】

/////////////////////////////////////

哲学的に大観すると，人生という現象は，これは一つの「事」（Bewandtnis）であるが，世界とか森羅万象とかいう現象は，これは一つの「物」である。エネルギーは「事」であるが，物質は「物」である。言語に関していうならば，文は「事」であるが，語は「物」である。文法に関していうならば，動詞（純粋には定形）は「事」の表現であるが，名詞は「物」の表現である（それ以外の品詞は枝葉末節の現象である）。

　　　　　　　…… （中略） ……

…… 言語そのものは文であって決して語ではないにかかわらず，吾人の関心は先ず第一に語に向けられてしまって，関心の安易な対象たる語から出発して逆に文というものを考え，たとえば語の集まったものが文であるといったような本末顛倒論を抱くようになる。── 文法も同様である。文が事であって語が物である限り，文の本質は動詞（純粋には定形）に在るのであって，「もの」の表現たる名詞に在るわけがないにもかかわらず，たとえば文の基礎を成すものは主語であるといったような，とんでもない考え方が現に相当根強く行われている。

そうした錯覚は，そもそも事として生れて物に直面する此の人間というものの考え方に宿命的につきまとう範疇錯覚なのである ……

【『冠詞』，第一巻「定冠詞篇」，第二篇「通念の定冠詞」，第二章「普遍妥当命題の主題目となる全称概念の八型」，415-416 ページ，波下線佐藤】

/////////////////////////////////////

思うに，達意の狙いどころは「事」であって「物」ではない。言語は「事」である。もし火星人が地球に向かって何か断続する光線の信号を送ってきたとするならば，その信号の伝えんとするところは，信号や光線という「もの」ではなくて，或いはおまえたちと話がしたいとか，或いは此の信号によっておれたちの存在に注目しろとか，何かそういったような「こと」である。言語の本質は「事」である。果たせる哉，言語も亦此の根本本質を裏書するかの如く，その構成要素はすべて「事」である。動詞はもちろん最も「事」であり，定形は「事そのもの」であり，形容詞も「事」，副詞も「事」，接続詞も「事」，前置詞も「事」，冠詞も「事」，助詞も「事」，間投詞も疑問詞も否定詞も指示詞も，すべて「事」である。然るに，ただ一つ例外がある：**名詞だけは「物」なのである！**

【『冠詞』，第二巻「不定冠詞篇」，第四章「紹介導入の不定冠詞」，183 ページ，太字関口，波下線佐藤】

⑧ 名詞という品詞
― 他の品詞はすべて「事」，名詞だけが「もの」―
― 文の短縮形である「事型名詞」―

> 関口は，すぐ上の引用にあったように，「名詞」という品詞の「特殊性」（「物」的性格）に注目を向ける：「名詞だけは愕くなかれ『物』なのである！」（『冠詞』，第二巻，326 ページ）

一言にして云えば，爾余［じょ＝そのほか］の世界において「物」が「事」より注目を惹くのと同じ意味において，言語の世界においても名詞は他のあらゆる品詞にもまして「ことば」であるというのが感触の実状である。

此の事実は何処から来るか？そして此の事実は言語現象において「物」的名詞が「事」的方面に対して何等かの優位を占めていることを証するものであろうか？

筆者はむしろ其の反対を信ずる者である。溺れんとするものが藁しべにもすがりつくように，<u>流動そのものである言語は，しきりに何かはっきりとした姿を取った拠点，しがみつくことのできるような不動の何物かを求めてやまないからこそ名詞を重要視するのである</u>。換言するならば，ことばと云えば直ちに名詞にすがりつき，齧噛みつかないではそもそもことばというものの本性がハッキリしないのが実態であることほど左様に<u>「ことば」というものは流動と疎通と融解と無常とを以て根底とする何物かなの</u>である。

【『冠詞』，第二巻「不定冠詞篇」，第四章「紹介導入の不定冠詞」，185 ページ，角カッコ補足と波下線佐藤】

/////////////////////////////////////

哲学的見地から云うと，そもそも，「名詞」という現象が，意味形態から云って「物化」の根元的第一歩なのである。<u>人間が人間に向かって伝えんとする達意眼目はすべて「事」であって「物」ではない筈である（だからこそ文の中心は「定形動詞」なのである）</u>。—— 人間が人間に向かって手渡したり郵送したりする「もの」はすべて「物」であるが，人間が人間に向かって伝え語らんとする所は（即ち言語は），すべて「事」でなければならない。けれども，<u>事だけでは部分も構造も関係も分解もできないので，部分や構造や関係や分解を持たんがために（これを日本語で「わかる」[分かる]と云う！）言語は仮に事を物のごとく扱う方法を何万年か前に発明した。これが「名詞」である</u>。

【『冠詞』，第一巻「定冠詞篇」，第三篇「形式的定冠詞」，第六章「迂言前置詞と温存定冠詞」，881 ページ，波下線佐藤】

/////////////////////////////////////

日本人は「夏が来た」（動きで表現）というが，ドイツ人は「夏は其処にある」Der Sommer ist da（絵画で表現）という。日本人は「そら，ころんだ！」（動作）というが，ドイツ人は Da liegst du!（絵画）という。日本人は「そら，これをやろう！」（動作）と云って物を渡すが，ドイツ人は Hier haben Sie 云々（絵画）と云って物を渡す。日本人は「わかった」（動作）と云って膝を打つが，ドイツ人は Ich hab's!（状態）という。── 完了形の表現に至っては，すべてが絵画化の方式によって概念が構造される。

絵画化とは，言わば立体の平面化である。運動の静止化である。無限の有限化である。把捉すべからざるものの把捉であり，表現すべからざるものの表現である。── 法を以ては縛すべからざる人間社会を法をもって縛し，理を以ては極むべからざる自然界を理を以て極め，その他，行うべからざるを行い，なすべからざるをなすのが天に抗する人為人文の逞しき力であるとするならば，この際必要な思考努力には，一歩一歩何等かの意味における明確な拠点，掴み所，足場，手がかり，といったようなものを必要とする。結局人間の頭脳というやつは，複雑なものを複雑なままに受け入れ，流動せるもの，つながったものを，流動しながらつながって考えることはできないので，飛石伝いにしか進み得ないのである。その飛石が，言語の意味形態で言えば「名詞」というものであり，表象の手法で云うならば「絵画化」なのである。思惟操作の力によって地上の第一人者にのしあがった印欧系民族の言語に，この有効な補助手段が到るところ其の生々しい痕跡を印しているのは，けだし偶然ではないのである。

【『冠詞』，第三巻「無冠詞篇」，第十一章「錯構」，587 ページ，波下線佐藤】

/////////////////////////////////////

名詞は凡ゆる品詞中に於て特殊な優先的地位を占めている。それは何故かというと，他の品詞がすべて「見る」という「事」であり，「美しい」という「事」であり，「非常に」という「事」であり，「……の上に」という「事」であり，「……にもかかわらず」という「事」であるに反し，ただ名

詞だけが「山」なら「山」，「樹」なら「樹」という「物」であり，「犬」なら「犬」，「母」なら「母」という「者」だからである。否，文章それ自体が必ず「空は青い」という「事」であり，「ちょっとここへおいで」という「事」であるから，動詞も文章的であり，副詞も文章的であり，形容詞も文章的であり，前置詞や接続詞はもちろん文章的である。ところが驚く勿れ，<u>名詞だけは文章的ではなくて，言わば甚だ非文章的</u>なのである。何故かと云えば，<u>名詞だけは愕くなかれ「物」</u>なのである！（ゆえに Substantiv ガッチリした「もの」，Dingwort「もの」詞，という）

事とは何か？　<u>流動状態に在る達意眼目</u>である。物とは何か？　<u>凍結状態にある</u>（「山」，「樹」，「猫」）或いは<u>凍結状態に置かれた</u>（「死」，「睡眠」，「自由」，「美」）<u>達意眼目</u>である。

流動状態にあるものは「つかみどころ」が無い。凍結状態にあるものは「つかみどころ」がある。名詞以外の品詞は（素朴意識にとっては）すべて漠然としていてつかみどころがない。初学者にとって「ハッキリ」した単語といえば必ず「猫」とか「家」とか「鉛筆」とかいう名詞に限ることを考えてみるが好い。Katze という名詞は，実物の猫に尻尾というつかみどころがあると同じように，吾人の頭脳にとって <u>faßlich</u> であり <u>be-greif-lich</u> である。der Tod すら然り。<u>名詞はすべてを「つかみどころ」のある「物」に変える</u>。ただ名詞のみが「手ごたえのある」品詞なのである。文章自体は申すに及ばず，他のすべての品詞は「手ごたえのない」，「つかみどころのない」現象なのである。

.....（中略）......

...... 人間の頭というやつは，まだまだ「事」を考えたり，推理したり，綜合したり，諦観したりするまでには至っていないので，大抵の場合は何かを「つかんで」いるにすぎないのである。すくなくとも，ゴリラ時代に，あの逞しい手をもって敏捷に物を「つかむ」ことを以て得意としていた通りの本能をもって，あっちゃこっちを「つかみ」まわしながら，<u>その「つかむ」ことを以て思惟とうぬぼれ，つかみごたえ，手ごたえのあるものを以て真理とか何とか呼んでいる</u>にすぎないのが二十世紀現在の実状である。おそらくはまだ十万年位もこの段階が続くであろう。

胴体についている手が常に何かを掴もう握ろうとして，言わば「把握指向性」といったようなものを持っているのと同じように，<u>脳の中に生えている手も亦常に何かをつかみたくて仕様がないのである。此の把握本能に一先ず簡易に迎合するために生じた「意味形態」が即ち名詞である</u>。本来把握指向性が動いているかぎり，その動くところ，その直進するところ，その触るる所，すべては直ちに名詞と化するのである。故に，<u>たとえ動詞も形容詞もない国語があるとしても，名詞だけは必ずあるにちがいないと断言できる</u>。

但し，これを以て，<u>名詞がもっとも重要な品詞だなどと勘ちがいしてはいけない</u>。事実は逆である。言語そのものの本質は「事」であって「物」ではない。ちょうど人間の身体は「物」であるが，人間そのものは「事」であるのと同じである。

【『冠詞』，第二巻「不定冠詞篇」，第六章「評辞」，326-327 ページ，直下線関口，波下線佐藤】

/////////////////////////////////////

> 関口は，「事」と「もの（者・物）」の区別にしたがって，「名詞」に「事型名詞」と「もの（者・物）型名詞」を区別し，「事型名詞」の重要性と特殊性を強調する。

「事」型名詞というのは，たとえば「そろえるべき事が一応全部そろっているという**こと**」という達意眼目を一言に要約すると，たとえば Vollständigkeit（完備性）という状態名詞になったり，「拍手喝采して褒めること」を簡単に Beifall（喝采）と云ったりするのなどがそれである。前者は状態名詞，<u>性質名詞</u>であり，後者は動作名詞であるけれども，「事型名詞」という見地からは，その二者を特に区別する必要はなく，<u>両者を一括して「事」型名詞と呼んでよろしい</u>。事型名詞には，その達意眼目の素朴な表現法はむしろ daß ... の副文章或いは zu 不定句であるとか，純粋に

事型名詞である限りにおいては複数形があり得ないとか，その非名詞的性格にも拘わらず，他の「物」型名詞と同様に取り扱われるというところには，高度の精神文化を誇る諸語らしい多分の「無理」（Überspanntheit）が感ぜられるとか，その他若干の著しい特徴がある。別に特に定冠詞を用いるべきいわれのない場合にも好んで定冠詞を用いる ...... ということも，そうした特徴の一つである。中でも殊に das Schreiben, das Sterben, das Auswendiglernen 等の<u>不定形名詞に至っては</u>，<u>これが凡ゆる動作名詞中の最も純粋な動作名詞</u>（即ち名詞という名称に最も相応しくなく，むしろ意味形態的には「文章」である名詞）であるために，定冠詞という見地からは特に重要な問題を提示している ......

【『冠詞』，第一巻「定冠詞篇」，第三篇「形式的定冠詞」，第一章「示格定冠詞（1）」，591ページ，太字関口，波下線佐藤】

///

同じことが des Beifalls gewiß についても云えるわけで，「喝采を見出すことが確実である」というのは，要するに「喝采されるにきまっている」ということで，des Beifalls は，Beifall finden の Beifall と同じように，ほとんど不定形や過去分詞と同じような，いわば Gerund（名詞的分詞）とでも云うべきものなのである。Gerund とは，ドイツ語の場合には，性と格とがあって（複数だけは欠く）頭文字を大書する動詞なのである。極端な言い方であるが，趣旨を力強くつかんで頂きたい：der Beifall, das Applaudieren, die Anerkennung, die Ovation, der Stolz, die Zufriedenheit などは実は<u>すべて「動詞」</u>なのである！── もし動詞というのが極端すぎるならば，なんなら<u>「事」型名詞</u>という名称で呼ぶのも一つの方法である。

こうした，<u>品詞その他の文法形式関係を全然無視した，内面的意味関係を達意眼目の点からのみ眺める常識的観察</u>は，決して気随気儘な空論ではなく，たとえば冠詞用法の如き微妙な問題に対する考え方の見地を求める場

合には，諸種の疑問は結局其処へまで掘り下げなければ其の真の姿を現わしてはこないのである。

【同所，594-595 ページ，波下線佐藤】

//////////////////////////////////////

「物」型と対立する「事」型の名詞については再三強調するところがあったが，此の場合に関して云えば，「事」型名詞は言わば文章の短縮とでも云ったようなものであって，たとえば「何々を云々すること」とか，「何々の状態に在ること」とかいったような文章機構で解釈される。同時に，こういう風に文章機構に解きほぐして解釈した場合には，必ず，日本語でならば，最後に「こと」という語を附加することができる。ドイツ語でならば daß であろう。ゆえにこれを「事型」と名づけるのはごく実際的である。Aussage-Komplex を含むといってもよいであろうし，或いは Jespersen の用語を用いて nexus と呼ぶのもよかろう。

【『冠詞』，第一巻「定冠詞篇」，第三篇「形式的定冠詞」，第六章「迂言前置詞と温存定冠詞」，880 ページ，波下線佐藤】

//////////////////////////////////////

「事」型名詞には，それが本当に「事」型であるということ，即ち言わばその達意眼目が元来は daß ... の文か zu 不定句によって表現されるのが自然なのであるが，簡潔な形を取るために仮に抽象名詞を持ってきただけの話にすぎないのだということを語感の前に明らかにせんがために，言わば何の理由も根拠もなく機械的に定冠詞を用いる習慣がある。

此の傾向は，das Schlafen, das Auswendiglernen 等の不定形名詞に於て最も顕著であるが，その他の -ung 型，動詞語幹型の動作名詞，-heit,

-keit 型の状態名詞その他においても決して稀ではない。

..... （中略）......

「事」型名詞は，それが本当に「事」型（即ち文章的）を達意眼目としていて，ややともすれば生じ勝ちな「物」型的解釈を一切排除しなければならぬという意志表示として，定冠詞だけではまだ充分念が入らないとでも云うわけか，なおその上に（或いはむしろ此の方が主な手段かも知れないが），『必ず単数形を用いる』という，此の方は定冠詞に比して遥かに理論的に根拠のある強硬手段を採用する。たとえば Beifall を「物」型に考えるとすれば zweier Beifälle gewiß などという云い方も成り立つが，本当に「拍手されるにきまっている」という動詞的表現は必ず単数で des Beifalls gewiß でなければ語感は承知しない。その他，「彼女は泣き出しそうであった」は必ず Sie war dem Weinen nahe であり，「金属は融けている」は必ず Das Metall ist im Fluß であり，「問題はいよいよ検討される」は必ず Das Thema kommt nun mehr zur Erörterung であり，「僕は書きくたびれた」は必ず Ich bin des Schreibens müde である，等々々々！たとえ一日に原稿を五十枚書いても Ich bin der Schreiben müde などとは絶対に云わない。..... （中略）..... das Schreiben という形はそもそも単数ですらないのである！すでに単数にあらず，いずくんぞ複数を有し得んや！如何となれば das Schreiben はそもそも名詞ではなく，動詞といった方が適当である。名詞でないものを名詞として取り扱うことの当然の無理が ..... （中略）......，まず第一には複数形の欠如という奇妙なような当り前のような特殊現象として現われ，第二には，甚だ当り前のようであって而も実は非常に奇妙な定冠詞の用法として現われるのである。

【『冠詞』，第一巻「定冠詞篇」，第三篇「形式的定冠詞」，第一章「示格定冠詞（1）」，596-597 ページ，直下線関口，波下線佐藤】

/////////////////////////////////////

不定形名詞のみとは限らず，およそ「動作名詞」，意味形態を一廻り大きく取るならば「事」型名詞なるものは，文法現象のあらゆる分野において，常に特殊の取り扱いを要する重要な意味形態である（それは<u>文法がそもそも「語」の研究ではなくて「文」の研究であり，語の裡に文を見るのが真の「文」法であり</u>，文の中に語を見る形式文法は，実は文法ではなくして「語」論という一特殊分野にすぎないという事実と関連している）。

【『冠詞』，第一巻「定冠詞篇」，第三篇「形式的定冠詞」，第四章「不定形名詞と形式的定冠詞」，785 ページ，波下線佐藤】

//////////////////////////////////

das Auslegen「解釈すること」, das Bezahlen「支払うこと」, das Sprechen「話すこと」, das Kochen「煮ること」，「料理すること」等の，いわゆる不定形名詞なるものは，他のあらゆる動作名詞（Ausleg-ung, Sprach-e, Spruch, Gespräch, Ausleg-erei, Interpreta-tion *etc. etc.*）よりも以上に「動作」名詞であって，<u>古来の文法家がどうしてこれらの形を現在分詞，過去分詞と並んで分詞の一つに加えなかったか</u>ということが，むしろ不思議なほどである。だいいち，たとえば，-ung の方には習慣上の制限があって，どの動詞からもこれを造ることは許されない（Sprechung, Kochung は不可，など）が，<u>-en 型名詞はどんな動詞からもこれを作ることができる点で，分詞や不定形とちっとも違わない一つの堂々たる動詞派生物</u>，すなわち「分詞」であるし，その意味用法の点から云っても，das Essen「食事」等の少数の例外を除いて，殆ど純粋の「事型名詞」である点は英語の gerund と全然同様である。

【同所，786 ページ，波下線佐藤】

⑨ 規定
── 言語それ自体の有する根本関係；あらゆる文章論の出立点 ──

> 関口は，二つの語が並んで何らかの意味を成すためには，必ずどちらかが他を
> 「規定」しなければならないことを指摘し，この「規定」を「言語それ自体の
> 有する根本関係」とする。

二つの語が並んで何等かの意味を成さんがためには，und 形態と oder 形
態の結合とを唯一の例外として，必ず一が他を「規定」しなければならな
い。甲が乙を規定するか，乙が甲を規定するかのいずれかであって，第三
の場合は（und，oder の場合以外）── すくなくとも地球上に棲息する生
物の大脳にとっては ── 存在し得ないのである。……

定冠詞用法が原則として二種に分かれるべき筈のものであるということは，
かくの如き言語それ自体の有する根本関係から来るものである。

【『冠詞』，第一巻「定冠詞篇」，「定冠詞一般に関する見通し」，4 ページ，波下線佐藤】

/////////////////////////////////////

「規定」などと云うと，いかにも理屈っぽい，文法家のねごとのように素
人は思う傾向があるが，実際に文章を書いたり，一国語から他国語へ反訳
したり，或いは何か頭で考えた理屈を概念形式で云い現わしたりする際に，
誰もが期せずしてゴタゴタと頭の中で苦労をしている技術問題の大部分が
此の「規定」の問題であることを意識する必要がある。そうした関係が殊
に興味深く観察される典型的な場合の一つがドイツ語の合成語であっ
て，……

【『冠詞』，第一巻「定冠詞篇」，第一篇「指示力なき指示詞としての定冠詞」，第二章「合
成名詞の基底部」，67 ページ，波下線佐藤】

/////////////////////////////////////

.... Man mißbraucht die Amtsgewalt という文章においては，<u>何が何を規定しているか？</u> 換言すれば，<u>何が最も根底をなしているか？</u>

これ［＝規定という見地］はあらゆる文章論の出立点でなければならない筈であるのに，現在までの文章論は，この問題に関して，おどろくべきほどのんきである。だいいち，<u>構造というものが「規定」という関係を措いて他に在りえないという最も初歩的な事実</u>すら，どの程度まで言語学者の意識にあるか，かなり疑わしいものがある。

【『冠詞』，第三巻「無冠詞篇」，第十一章「錯構」，534-535 ページ，角カッコ補足と波下線佐藤】

/////////////////////////////////////

Er spricht <u>fließend</u> deutsch にあっては fließend は sprechen 或いは deutschsprechen（と仮に綴ることにする）を規定（限定）している関係である。この際は「定形」と云ってはいけない，「動詞」というべきである。たとえば Er kann <u>fließend</u> deutsch sprechen の場合を考えればすぐにわかる通り，<u>副詞は「動詞」を規定するだけであって，文の基礎たる「定形」とは直接何の関係もない</u>。従って「文」とは直接関係がないのである。

ところが Er spricht <u>zum Glück</u> deutsch 等にあっては，.....（中略）...... 形式的には同じでも関係はすべての点で逆で，達意眼目から云うならば，zum Glück に該当するところが主文章であって，Er spricht deutsch はその主文章に従属する副文章である .....（中略）.......。ところで，このへんからそろそろ思惟を極度に厳密にしていただきたいが，主文章は副文章「**によって規定される**」。いかんとなれば，副文章は主文章の（拡充解釈された）一文肢だからである。かるが故に，zum Glück の意味内容は，Er spricht deutsch の意味内容を「規定」するどころか，逆にそれによって「**規定さ**

れている」のである。

【同所，543-544 ページ，太字関口，直下線と波下線佐藤】

/////////////////////////////////////

.... この「規定」という概念であるが，そろそろ機が熟したと思うから，規定という関係を検出するための最もはっきりした補助手段を紹介することにしよう。日本語の語順と相俟［あいま］って，長い間には段々と意識に食い入るにちがいない。

それは斯うである。たとえば Vaterland という語において，Vater が Land を規定（限定）しているのであって，Land が Vater を規定しているのではないということは，これはおそらく誰しも認めるであろうが，此の誰しも認める最初の出立点において，そもそも「規定」という概念をはっきりと決めてかからねばならないが，それはどう決めるかである。それは，**Vaterland は Land の一種であって Vater の一種ではない**，というのを方式にして決定すればよい。そうすれば，ただいま問題にした nicht kommen も，nicht の一種であって，kommen の一種ではない［注：つまり kommen が nicht を規定している，すなわち nicht の方が kommen よりも基礎にある］，ということは，......（中略）...... だんだんとわかってくるはずである。それがわかり出すと，ひるがえって規定という論理関係も追々はっきりしてくる。

...... （中略） ......

Ich komme（**私は** / 来る）── これがちょっと考え方がむつかしい。Ich komme が komme の一種であって ich の一種ではないということが理解されないと，そもそも規定ということは理解されないであろう。証明：Ich komme は名詞化すると mein Kommen である（kommendes Ich ではない！），かるが故に Ich komme は komme の一種である。いかんとなれ

ば mein Kommen は Kommen の一種であるから。

【同所，545 ページ，太字関口，角カッコ補足佐藤】

/////////////////////////////////////

> 「規定」は「あらゆる文章論の出立点でなければならない」。すると次に問題と
> なるのは，「規定するもの」と「規定されるもの」との間の「意味論上の関係」
> である。

冠詞に関係する範囲において，「規定」にはそもそもどれだけの意味形態
があるかということになると，此の場合はたとえば仮定とか認容とか因由
とかいったような形態とは何等の関係もなく，単に次の三種の意味形態の
みが問題になってくる：

　　[1]　特殊化規定（「どんな？」，「如何なる？」）

　　　　　　　　　　　　　　　　　原則として不定冠詞

　　[2]　具体化規定（「どの？」，「どれ？」，「どちらの？」等）

　　　　　　　　　　　　　　　　　必ず定冠詞

　　[3]　換言的規定（「何という？」，「如何なる旨の？」）

　　　　　　　　　　　　　　　　　必ず定冠詞

【『冠詞』，第一巻「定冠詞篇」，第一篇「指示力なき指示詞としての定冠詞」・概論，30 ペー
ジ，波下線佐藤】

/////////////////////////////////////

論理関係：　規定する方の文（すなわち言［＝ 文］）と，規定される方の文

（言）との間には，拙著「独作文教程」の後半各所において詳述したごとく，次の五種の関係が存在する。しかも，この五種以外の関係は存在しない，という認識が非常に重要である。

　　　　［A］　並立関係　　　　「云々は云々する，**そして**云々は云々する」
　　　　　　　　　　　　　　　　「云々は云々する，**或いは**云々は云々する」
　　　　　　　　　　　　　　　　「云々が云々する**ごとく**云々が云々する」　等

　　　　［B］　相反関係　　　　「云々は云々する，**しかし，**云々は云々する」
　　　　　　　　　　　　　　　　「云々が云々する**にかかわらず，**云々は云々する」　等

　　　　［C］　仮定と結論　　　「云々が云々**すれば**云々が云々する」
　　　　（相反関係の仮定と結論：）「**たとえ**云々が云々**しても，**云々は云々する」

　　　　［D］　因由と結果　　　「云々が云々**するが故に，**云々が云々する」

　　　　［E］　目的と手段　　　「云々を云々**せんがために，**云々を云々する」
　　　　　　（逆順：手段と目的）「云々を云々**することによって，**云々を云々する」

【『冠詞』，第三巻「無冠詞篇」，第十二章「錯構的冠置述語の掲称」，601-602 ページ，太字関口，角カッコ補足佐藤】

////////////////////////////////////

┌───┐
　形容詞では，「規定するもの」と「規定されるもの」との間の「意味論上の関係」
　として，「描写的」と「限定的」が存在する。
└───┘

　　　［A］Er hatte die <u>üble</u> Gewohnheit, dieselben Scherze zu wiederholen.

　　　［B］Er fühlte immer ein <u>lebhaftes</u> Verlangen, dieselben Scherze zu
　　　　　　wiederholen.

…… 此の両文に於て，先行詞に冠置されている üble, lebhaftes という二つの形容詞が，単に「意味」が違うばかりではなく，「意味形態」までが全然ちがうということを見届けるために少し無理なドイツ語になるが，zu

68

不定句の規定を，合成名詞の規定的前半に改めてみよう。……

　　［A］Er hatte die <u>üble</u> Scherzwiederholungsgewohnheit.

　　［B］Er fühlte oft ein <u>lebhaftes</u> Scherzwiederholungsverlangen.

［A］の üble は，そもそも Scherzwiederholungsgewohnheit なるものを「批評」する形容詞であるに反し，［B］の lebhaftes は，そもそも Scherzwiederholungsverlangen なるものを「分類」する形容詞である。換言すれば，［A］では，そもそも同じ酒落を何度も云うという習慣はよろしくないという意味で übel という形容詞が用いられており，［B］では，そもそも同じ酒落を何度も云いたくなる慾望には，激しいのや，激しくないのや，その中間のや，色々と種類があるが，此の場合問題になるのは，そのうちでも「激しいやつ」である，という意味で lebhaft という形容詞が用いられている，即ち「特殊化規定」である。

此の場合の übel のごとき，本来具有する性質を挙げるにすぎない形容詞を deskriptive Adjektiva（描写的形容詞）あるいは epithetische Adjektiva（かぶせことば）と呼び，それに対して lebhaft の如き新たな性質をつけ加える場合の用法を restriktive Adjektiva（限定的形容詞）と呼ぶならば，……

形容詞の意味形態としての「描写的」と「限定的」との区別は，必ずしも今の場合だけに起る現象ではなく，これは関係代名詞によって導かれる文が如何なる意味においての規定であるかを定める際にも重要な見地となってくる。すなわち，<u>そもそも「規定」という根本概念に関する問題</u>である。

【『冠詞』，第一巻「定冠詞篇」，第一篇「指示力なき指示詞としての定冠詞」，第四章「句または文の附置規定」，185-186 ページ，直下線関口，波下線佐藤】

⑩ 定形中心論

> 「規定」という「言語それ自体の有する根本関係」から出発すると，「文の一番
> 基礎にある要素」，つまり「一番最後に規定される要素」は「定形」というこ
> とになる。ここから，関口が常々強調する「定形中心論」が生じる。

Bundeskanzler Adenauer は「西独宰相である Adenauer」か？それとも
「Adenauer という西独宰相」か？という問は，決して初学者の愚問でも
なければ，暇な文法学者の寝言でもない。これは言語現象の根底問題に触
れてくる重大問題であって，そもそも A が B を規定するのか，それとも
B が A を規定するのかという，此の「規定」という Kategorie から発して
凡ての言語表現が可能なのであるという考え方を押しつめていってはじめ
て言語現象の機構が明らかにされ，その結論が「定形中心論」であり，そ
の Methode が意味形態論となるのである。

【『冠詞』，第一巻「定冠詞篇」，第一篇「指示力なき指示詞としての定冠詞」・概論，26-
27 ページ，波下線佐藤】

/////////////////////////////////////

> 以下の引用で関口が「言（げん）」と述べるのは，「文」を意味することに注意
> されたい。

文章の形を取っていると，何が何を規定しているかという関係は一見して
明瞭ではない。従来の伝統文法では Man mißbraucht die Amtsgewalt で
は主語 Man が全文の根底であって，mißbraucht die Amtsgewalt があと
から第二次的に追加された規定的部分であるかのような妙なことまで言わ
れているのを考えても，いかに明瞭でないかがわかるであろう。── と
ころが，この文の名詞化された形 Mißbrauch der Amtsgewalt を見れば，
動詞の部分，さらに詳しく厳密に云うとすれば「定形」が言の根底である

ことは一見して誰にもわかるはずである。前者も言であり後者も言であれば，その内面構造は必ずや同一であるに相違ないからである。

【『冠詞』，第三巻「無冠詞篇」，第十一章「錯構」，535 ページ，波下線佐藤】

/////////////////////////////////

文章（すなわち「言」）なるものの最後の基礎は定形であり，その一歩手前の基礎は動詞である，主語ではない，……

【同所，533 ページ，波下線佐藤】

/////////////////////////////////

　　大先生：…… 接続法といえば，これは必ず定形だけに関した問題で，たとえば Ob er mich recht verstanden hat? という文を接続文にしろと云えば，ob も er も mich も recht も，また動詞である筈の verstanden すらも問題には関係はない。ただ文の定形たる hat だけを habe と変えれば好いのだ。要するに，**接続法というのは，ただ定形のみに関した一つの特殊形式である**ことがわかる。
　　　　　　　　　　…… （中略）……

　　大先生：…… たとえばここに長い材木があるとする。この材木を指一本で持ち上げるには，何処を上げたらいい。

　　小先生：勿論，その材木の重心のところを持ち上げる。

　　大先生：それだ。力があれば小指一本で持ち上がる。但し場所を間違えると持ち上がらない。**定形は即ち文全体の重心だ。**

　　小先生：君のいう**動詞中心主義の文章論**というのがこれなんだね。

71

大先生：そうだ。むしろ**定形中心的文章論**といった方がよかろう。

【『接続法の詳細』, 第二篇「意味用法を主とする詳論」, 第一章「接続法の本質」, 23-24 ページ, 太字関口】

//

「規定関係」, そしてそれからの帰結としての「定形中心文章論」ということから, 関口は「定形が人間である」と言い切る。次の言葉は, 上の「**⑧ 名詞という品詞**」で引用した部分（「たとえ動詞も形容詞もない国語があるとしても, 名詞だけは必ずあるにちがいないと断言できる」）の続きである。

但し, これを以て, 名詞がもっとも重要な品詞だなどと勘ちがいしてはいけない。事実は逆である。言語そのものの本質は「事」であって「物」ではない。ちょうど人間の身体は「物」であるが, 人間そのものは「事」であるのと同じである。言語は人間の反映である。言語の本体, 基礎, 根底が「定形」(Verbum finitum, Redeform) であるように, 人間も亦「定形」である。Ich lebe の lebe が人間なのである。不定形 Leben はもはや「物」的意味形態であるがゆえに人間ではなく, 人間という現象の対象「物」なのである。

「定形」が人間であり, 従って「定形」が文であり言語であるという論はまた少し厄介になる。あまりにわかり切った心理でありすぎて簡単には云えないのである。

【『冠詞』, 第二巻「不定冠詞篇」, 第六章「評辞」, 327 ページ, 波下線佐藤】

⑪ 述語
― 達意の内容そのもの ―

関口は，伝統文法による「客語」という用語の混乱した用い方を指摘して，「述語」と「客語」を厳密に区別する（例えば『冠詞』第二巻，236-238 ページ）：

> 客語：Der Hund <u>bellt</u>. の bellt
> Der Hund <u>ist ein Tier</u>. の ist ein Tier

> 述語：Der Hund ist <u>ein Tier</u>. の ein Tier
> Der Hund ist <u>treu</u>. の treu

つまり「客語」とは，「主語を中心にして考えた場合 ...... その主語について aussagen（声明）するところの内容」（同所，237 ページ）である一方，「述語」とは，「A は B である」という文における B に当たるものである。述語は「名詞」，または「形容詞」でなければならない。

...... そもそも客語なるものの意義は，達意という見地から見て，非常に重大である。というよりはむしろ<u>「達意の内容」そのものが直ちに以て客語</u>なのであって，主語のごときは，いわば達意内容を伝達せんがための形式的下準備にすぎないとも云える。......

次に，<u>述語なるものが客語に次いで如何に達意内容そのものであるか</u>を理解せんがためには，いわゆる繋辞或いは連辞（Kopula）なるものが，形式的には文章そのものと云ってよいほど基底的根本要素であるにもかかわらず，内容的には如何に空虚なものであるかを考えればよい。［Der Hund <u>ist ein Haustier</u>. という文における］ist ein Haustier という客語に達意の全内容が含められてあるとするならば，その全内容は ist にあるのではなくて専ら ein Haustier という述語のところに在るのである。Der Hund <u>knabbert an einem Knochen</u> といったような内容を有する定形がある場合には，定形を無視して an einem Knochen のところに達意の全内容があるとは云えないが，ist の場合は関係がちがうのである。

斯うしたような特殊事情があるためにまた伝統文法は bellt（吠える）といったような動詞要素（此処では定形）と treu や ein Haustier などという形容

詞，名詞要素を一緒くたに扱ってこれを「客語」と呼んだものであろうが，この命名法のために，私の述べようとする「述語」という特殊現象が，その決定的重要さにもかかわらず，多少ままこ扱いになってきたことは否み得ないと思う。

【『冠詞』，第二巻「不定冠詞篇」，第五章「述語と不定冠詞」，238 ページ，角カッコ補足と波下線佐藤】

/////////////////////////////////////

そもそも達意眼目から見て主局に立つということは，何等かの意味において「述語」でなければならない —— 或いは述語「としての解釈を許す点」がなくてはならない。これは ……（中略）…… そもそも達意ということが述語なるものの本質だからである。人間が言語によって対手の人間に伝えんとする内容はすべて客語であり，客語はすべて何等かの形で述語的に解釈され得るからである。

【『冠詞』，第三巻「無冠詞篇」，第一章「掲称序論」，12 ページ，波下線佐藤】

/////////////////////////////////////

およそ「述語」なるものは，客語と同様，定形中心の文章論においては，最も重要な基礎概念の一つであるのみならず，そもそも印欧系諸語の特質を理解せんがためにも不可欠の予備知識である。その上更に言語哲学的見地から達観するならば，およそ人間が人間に向かって言語というものを用いつつ相互の意識の或いはこの一角，或いは他の一角を照明し合って相互共通の世界を出来るだけ深く，且つ広く押しひろげていくという此の全現象は，一口で云えば「わたしはおまえの言うことがわかる」という一語に尽きるのであるが，此の「わかる」というのは何かと云えば，「わかる」

74

は「分かる」（Es teilt sich；Es fällt auseinander）であって，何が何と何とに分かるのかと云えば，<u>今までお互いに気のつかなかった人生の一角が A と B との二つに「分かる」</u>ことである。「A と B との二つに分かる」というのは即ち「A＝B と解る」ことである。（<u>未知の A が B とわかるのではない，X が A と B とに割れるのである</u>）此の際 A の方はさほど重要ではなく，<u>重要なのは B の方である。故に，達意内容とは何ぞやという問に対しては，達意内容とは「述語」である，と云うも過言ではない。</u>達意内容とは ＝ B のことである。（単に B と云わないで，特に ＝ B を以て記号と定める。）

【『冠詞』，第二巻「不定冠詞篇」，第五章「述語と不定冠詞」，241 ページ，波下線佐藤】

/////////////////////////////////////

<u>述語（広くは客語）は達意の内容そのもの</u>であって，主語は，その達意の内容に関して形式的に誤解が起らないようにするための補足的要素である。それが証拠に A ＝ B の A が全然欠如したり，無内容であったり，形式的な語であったり，特に言葉にして云う必要のない贅語［ぜいご ＝ 無駄な言葉］であったりすることは屢々［しばしば］起ってくるが，＝ B の方が全然欠如したり，無内容であったり，はっきり指す所のものが無かったりするということは，事実として絶対に起ってもこないし，また印刷の誤植などのためにそんなことが万が一起ったとしたら，それはもはや達意ではなく，従って言語ではないと断言して構わない。Der Mensch ist halb Gott, halb Tier においては，達意の重点は何人が考えても halb Gott, halb Tier にある。此の文を口にし筆にする者の云わんとする所は halb Gott, halb Tier という所にあるのであって，Der Mensch という所にあるのではないのである。……

従って，<u>述語というものを含まない文にあっては，達意の重点が何処に在るかわからないことも起ってくる</u>。Der große Haufen macht die Gesetze der Zeiten（大衆は時代の掟を作ってゆく）というと，大体意味はわかったようでも，実は達意の重点がどこにあるかはわからない。<u>Es ist der große</u>

Haufen, der die Gesetze der Zeiten macht（時代の掟を作ってゆくのは，それは大衆なのだ）という意味なのか，それとも Es sind die Gesetze der Zeiten, die der große Haufen macht（大衆が作ってゆくのは，それは取りもなおさず時代の掟なのだ）という意味なのか？ いずれにしても吾人の注目は此の Es ist, Es sind に向く。「達意内容」の問題は圧縮されて「達意の重点」の問題に移っていくのである。

Es ist der große Haufen, der die Gesetze der Zeiten macht においては，der große Haufen は論理的には主語であるが文法的には前項で述べたごとく述語である。此処では，主語が Es ist によって述語化されたわけである。此の述語化ということは何を意味するか？ それは，達意の重点を明らかにすることを意味する。

「大衆が時代の掟を作ってゆくのだ」という趣旨のことを表現するに際して，「大衆が」という点に伝えようとする趣意の重点があるとき，これを主語にして Der große Haufen macht die Gesetze der Zeiten と云うよりも，これを述語にして Es ist der große Haufen, der die Gesetze der Zeiten macht と云う方が重点が重点として感ぜられるというのは何が故か？ それは，そもそも，その達意の重点という事が述語なるものの意味形態だからである。

換言すれば，こういうことになる：古今の文法家によって，あたかも文章の最も重要な中心のごとくに言われてきた「主語」すらもが，いったん達意の重点に立とうということになると，「主語」では一向押しが利かない，あたかも「述語」であるかのような顔をして登場しないというと達意という見地からは本気に相手にしてもらえないというわけになってきたのである。

【 同所，260-261 ページ，直下線関口，角カッコ補足と波下線佐藤 】

/////////////////////////////////

「A は B である」という文において，A を主語，B を（客語と呼ばないで）特に「述語」（Prädikativum, Prädikativ, Prädikans, 或いは Prädikatwort）と呼ぶことにする。述語は原則として名詞または形容詞である：Er ist ein Geizhals；Er ist geizig.

「A は B である」という文と並んで，「A が B になる」とか「A は B として云々する」とか「A は B のごとく云々する」とかいったような関係を言い表わす文章もあれば，また主語 A を四格目的語に転ずると，「A を B と思う」とか「A を B と呼ぶ」とか，或いは「A を B として云々する」，「A を B のごとく云々する」といったような場合も起ってくるが，これらすべての場合において，A と B との関係を一考するならば，其処には結局「A が B なること」が表現されていることが明らかになるであろう。故に，これらの文章も，たとえ主語・述語関係を表現しているとまでは云わないまでも，すくなくとも<u>主語述語関係を伏せた文章</u>，即ち「<u>伏在述語文</u>」と呼ぶことができるであろう。

「伏在述語文」は大体如何なる種類の文であるか，それを以下に示唆的に列挙してみよう。下線された二語のうち，前が主語で，後がその主語に該当する述語である（43，44，56 はその逆）：

1. <u>Er</u> wird <u>geizig</u>. / 2. Er bleibt <u>ein Geizhals</u>. / 3. <u>Die Tür</u> steht <u>offen</u>. / 4. <u>Der Schnee</u> liegt <u>tief</u>. / 5. <u>Er</u> saß <u>verlassen</u> in der Ecke. / 6. <u>Sie</u> kam <u>bleich und zitternd</u> zurück. / 7. <u>Er</u> kam <u>unversehrt</u> nach Hause. / 8. <u>Die Sonne</u> geht <u>blutrot</u> unter. / 9. <u>Eigennamen</u> werden <u>groß</u> geschrieben. / 10. <u>Der Fluß</u> gleitet <u>spiegelglatt</u> dahin. / 11. <u>Der Brief</u> kam <u>unerbrochen</u> zurück. / 12. Er steckte <u>den Brief</u> <u>ungelesen</u> in die Tasche. / 13. Ich habe <u>diese Schreibmaschine</u> <u>alt</u> gekauft. / 14. <u>Fische</u> werden bei uns auch <u>roh</u> gegessen. / 15. <u>Kaffee</u> muß man <u>heiß</u> trinken. / 16. Ich hatte <u>ihn</u> <u>tot</u> geglaubt. / 17. Er nennt <u>mich</u> <u>seinen treuen Kameraden</u>. / 18. Der Knabe fühlt <u>sich</u> jetzt <u>einen Mann</u>. / 19. <u>Der Knabe</u> fühlt sich jetzt <u>ein Mann</u>. / 20. <u>Das Leben</u> dünkt uns oft <u>ein Traum</u>. / 21. Er hat <u>sich</u> heute <u>krank</u> gemeldet. / 22. Er hält <u>mich</u> <u>für einen Chinesen</u>. / 23. Ich halte <u>den Augenblick</u> <u>für gekommen</u>. / 24. Er gibt <u>sich</u> <u>für einen Ausländer</u>. / 25. <u>Das Gerücht</u> erwies sich als <u>unrichtig</u>. / 26. Finden Sie <u>das Bild</u> nicht <u>getroffen</u>? / 27. Er faßte <u>meine Worte</u> als <u>eine beleidigende Kritik</u> auf. / 28. Diesmal erkläre ich <u>mich</u> <u>für geschlagen</u>. / 29. <u>Das alles</u> kommt mir wie <u>ein Traum</u> vor. / 30. Du stellst <u>deine</u>

Niederlage als einen Sieg hin. / 31. Gar oft wird Recht als Unrecht verschrien. / 32. Meine Annahme hat sich als Irrtum herausgestellt. / 33. Du giltst für einen seiner besten Freunde. / 34. Ich will keinen Schwächling zu meinem Mann. / 35. Du hast einen berühmten Mann zum Vater. / 36. Warum wählten Sie gerade die Malerei zum Beruf? / 37. Ich habe ein Zigarettenetui zum Geschenk erhalten. / 38. Wen wünschen Sie heute abend zum Tischnachbar? / 39. Ein wildfremder Mensch wurde zum Erben eingesetzt. / 40. Wir fanden dort nur Seegras zur Nahrung. / 41. Ammoniumsulfat wird als Düngemittel verwendet. / 42. Seiner erinnere ich mich als eines stillen Menschen. / 43. Für einen reichen Mann wie ihn ist das kein Problem. / 44. Einem armen Teufel wie mir ist alles ein Problem. / 45. Ich bin auf dich als [auf] meinen Mitarbeiter stolz. / 46. Ich verehre ihn als meinen Freund und Kollegen. / 47. Du kannst mich als deinen Verbündeten betrachten. / 48. Er spreizt sich wie ein Pfau, der Prahlhans! / 49. Die Nachricht verbreitete sich wie ein Lauffeuer. / 50. Der Haß ist gerade so blind wie die Liebe. / 51. Jeder will seinen Namen mit Ehrfurcht genannt wissen. / 52. Jeder will seinen Namen mit Ehrfurcht genannt haben. / 53. Ich will meine Eltern mit Schonung behandelt sehen. / 54. Sie wünscht das Klavier in ihr Zimmer hineingebracht. / 55. Er verlangt den Brief ins Japanische übersetzt. / 56. Stolz will ich den Spanier. *(Schiller: Don Carlos)* / 57. Wart, dich will ich bald gründlich kuriert haben! / 58. Keiner wollte die fröhliche Nachricht wahr haben. / 59. Ein guter Adler hat den Schnabel stets gewetzt. / 60. Sie hatte die Augen still zu Boden geschlagen. / 61. Sie hielt die Augen still zu Boden geschlagen. / 62. Japan hat sein Ansehen beträchtlich eingebüßt. / 63. Endlich hatten wir Aomori, die Endstation, erreicht.

【同所，238-240 ページ，直下線関口，波下線佐藤】

/////////////////////////////////////

「と」或いは「として（の）」の意の als は，かならずしも無冠詞形の名詞を要求するわけではない。けれども，漠然と考えたところでもほぼわかる通り，als の次に無冠詞形の名詞が来ることが非常に多いということは言える。

ところで，この「非常に多い」という形容は，もしこれだけで詮索を打ち切るとすれば，これは卑怯千万な胡麻化しである。どういう場合に冠詞を省くか，どういう場合に省かないか，という語感上の問題が意味形態的に決定されなくてはならない。

まず先決問題として，als の次に来る名詞が「述語」(= B) であるということに対して，はっきりとした認識を持たなくてはなるまい。……

= B（すなわち「述語」）の，もっともわかり易い特徴は，品詞の上から云って，「名詞または形容詞」でなければならない，というのはすなわち「名詞をあてはめても形容詞をあてはめても意味を成す」（なんなら動詞を客語として表現することすらできる）という点である。たとえば Er ist ein Fanatiker は Er ist fanatisch または Er schwärmt とも表現できる。それに反して主語 Er は形容詞や動詞では絶対に言い換えられない（これが「主語」の特徴である）。── してみればたとえば「それは誤算と判明した」(Das stellte sich als [ein] Rechenfehler heraus) と「それは誤と判明した」(Das stellte sich als falsch heraus) とを比べてみるならば，sich als ～ herausstellen（～と判明する）という言い廻しにおいて，als の次に来る語は，名詞でも形容詞でもよい，ということがわかる。名詞でも形容詞でもよい語局は「述語」的語局である。かるが故に，als の次に来る語は，何等かの A に対する = B であることがわかる。

そればかりではない，A als B という構造は，A = B または A ist B の代用として用いられる。A ist B は「文」であり，A als B は「句」であるが，達意眼目は同じである。── この事実は，この簡単な文句だけでは，あるいはちょっと腑に落ちないかもしれないから，実際の例をならべてみよう。以下は Nietzsche の „Der Wille zur Macht" の所々からの引用であるが，同書は，いわばまあノートか手記かメモのようなもので，単に自分だけにわかればよいといった調子で，完全な文章を成さない断句のようなものが到る処に出てくるが，そのうちの「A als B」という句でもって「A は B なり」という意味のことが簡潔に暗示されているところを拾ってみる：

354. Der „g u t e M e n s c h" a l s T y r a n n. —— Die Menschheit hat immer denselben Fehler wiederholt: daß sie aus einem Mittel zum Leben einen M a ß s t a b des Lebens gemacht hat; daß sie —— statt in der höchsten Steigerung des Lebens selbst, im Problem des Wachstums und der Erschöpfung, das Maß zu finden —— die M i t t e l zu einem ganz bestimmten Leben zum Ausschluß aller anderen Formen des Lebens, kurz zur Kritik und Selektion des Lebens benutzt hat. D. h. der Mensch liebt endlich die Mittel um ihrer selbst willen und v e r g i ß t sie <u>als</u> Mittel: ......

354. いわゆる「善人」とは，すなわち暴君のことなり。—— 人類は昔から，またしてもまたしても，おんなじ過ちを犯してきた。というのは即ち，生きるための手段にすぎなかったものをば，生をはかる物尺にしてしまったということ，というのはすなわち，—— 生の高潮の頂点そのもの，生長発育と力の出し切りの問題を評価の物尺にしないで —— 或るごく特殊な生を実現するための「手段」であったものをば，それ以外のあらゆる生態を排除するために用いてしまったのである。要するに，生そのものの批判，生そのものの洗練手段として用いてしまったのである。というのはすなわちこういうことになる：人間は，最後には遂に，手段を手段なるがゆえに愛するようになり，それが手段であったことを忘れてしまうのである：(続く)

[注：原本ではこのほかに例が２つあげてある]

下線した als の個所もさることながら，直接今述べようとすることに関係のなさそうに見える一番最後の（二本の下線をした）<u>als</u> について考えてみるならば，als の次に来る名詞が，その前の語を主語とする「述語」であるという事実が，かなり刻明に意識に迫るにちがいない。「手段を手段<u>として</u>忘れてしまう」というのは，「手段が手段であるということを忘れてしまう」ということなのである。A als B とは即ち A sind B の「句化」なのである。

上掲の Nietzsche からの文例は，必要以上に長いかも知れないが，これは実は，中の思想と，「達意眼目」が何処にあるかをよく考えて，その上で als 〜 の 〜 に相当する句が此処ではどんな機能を発揮しているかを詳 [つまび] らかにせんがためである。ことに重要なのは，これらの文例において，als の次に来ている名詞には，すべて冠詞が省かれているという点である。「挙げる」とか，挙示的掲称とか，「述語」とか，あるいはまた筆者が主張

する「文の達意眼目は述語にある」（主語には無い）という立説の如実の実例は茲に在ると見て頂きたい。無冠詞論の中枢を成す「掲称的語局（乃至言局）」という意味形態についても同様のことが言える。つまり，すべての重要な問題が期せずして als の一語に集中してきたわけである。

【『冠詞』，第三巻「無冠詞篇」，第九章「挙示的掲称 (2)　挙示的掲称の述語 (一般)」，435-437 ページ，直下線関口，角カッコ補足と波下線佐藤】

最後に出てきた「掲称」，「合言葉」，「語局」という術語については，本巻第二部「⑬ **伝達的呼称:『定例的異変』の無冠詞**」の最初の「囲み説明」（151-152 ページ）を参照されたい。

///////////////////////////////////////

「述語」，つまり「＝ B」の重要性について，関口はさらに『冠詞』，第二巻，第五章「述語と不定冠詞」において次のように述べる。

此の＝ B は，不定冠詞概論において述べた「主局名詞」とか「達意の重点」とか，「不定冠詞は『どんな』に答える」とか「既知と未知」とか「事実と可能性」とか，或いは前章で問題になった「紹介導入」とかいったような問題の最も根本に伏在する単純怪奇な意味形態であって，……（中略）……此の大問題は，単に不定冠詞の本質を探るなどというごく部分的な検討を前に控えて，そそくさと論じ去るにしては余りにも重大な色々の部門を含んでいる。けれども，当面の目標が不定冠詞にある只今，問題の全貌を展開することは到底許されないにしても……（中略）……＝ B または述語という概念を其の至当なる意味形態的深度と意味形態的行動半径において受け入れるために最小限度必要と思われる諸点を，ごく示唆的に列挙してみよう。これは，系統的な要約ではなく，全問題が如何に複雑であって同時に如何に単純であるかを暗示するための多角的点描と思って頂きたい。

以下にこの「最小限度必要と思われる諸点」の項目名のみを挙げる。関口はこれら諸点について，30 ページに渡って多くの例文とともに説明している（参照：『冠詞』，第二巻，第五章「述語と不定冠詞」，241-271 ページ）。

(1) 述語は原則として名詞または形容詞であるという事実，ならびにその外見的例外現象の解釈法について

(2) 伏在述語文章に現れる述語形容詞はドイツ語では副詞と形態上の差別がないためにとかく副詞と誤認され易く，また，困ったことには副詞と一致することが多い

(3) 性数格語尾のやかましい国語では，＝ B の性数格は，たとえ伏在述語文章においても A＝B の方程式によって決する。これが印欧系言語の奇癖である

(4) 「……と」型の述語と独英仏語

(5) sein の有無：述語文章と伏在述語文章

(6) 繋詞 sein と存在 sein との区別

(7) 述語の主語化（論理上の述語が文法上の主語となる現象；事理と語理）

(8) 主語及びその他の文肢の述語化：（Es ist, es sind などの構文は，そも述語なる現象が「達意の内容」を以てその本質とすることを裏書きするものである）

(9) 主語は「事」を化して「物」とするに反し，述語は客語の一部である「物」を化して「事」とする

⑫ 非人称動詞の心理的根拠

非人称主語 es と非人称語法

自然界，社会，脳裡，体内に生起し，あるいは支配する諸種の現象（音響，気象，体感，感情，運命，異変，心理の異常，など）を「いかにも現象らしく」表現しようとする場合には，明確なる主語を避け，なんら具体的内容を有しない es なる代名詞をもって主語とする習慣がある。これを非人称主語 es という：

1. Es spukt in diesem alten Schloß.
2. Es kriselt in allen Geschäften.
3. Es frühlingt in meiner Brust.
4. Es hupt gerade vor unserem Hause.
5. Es läutet am Telephon.

備考　es を主語とする受動文ははっきりと行為者を考えさせるが，真の非人称語法は行為者を考えさせない。

【『新ドイツ語文法教程』，第 40 課「非人称動詞」，290 ページ，波下線佐藤；『冠詞』，第三巻「無冠詞篇」，411 ページにおいても，同一の定義が述べられている】

/////////////////////////////////////

文の非人称化

多少改まった態度と語調をもって，ひとつの現象，出来事，あるいは真理を紹介しようとするときには，文を非人称化する。すなわち文頭に非人称主語 es（grammatisches Subjekt）を置き，定形の次，あるいはそれより後に意味上の主語（logisches Subjekt）を置く。定形は意味上の主語に従って単数あるいは複数となる。

1. Es blinkt kein Stern.
2. Es blinken die Sterne.
3. Es werden bessere Zeiten kommen.

4. Es wartet draußen ein Auto.

5. Es führen viele Wege nach Rom.

【同所，295 ページ，波下線佐藤】

/////////////////////////////////////

非人称動詞とは？

英語にも to rain（雨降る）to snow（雪降る）to thunder（雷鳴する）等の動詞があって，それらを定形として用いる時には it rains（雨が降る）it snows（雪が降る）it thunders（雷が鳴る）と云います。it のみを主語とするばかりで，其の他「私」や「汝」や，または名詞なぞを主語とする事がないから，無人称動詞または非人称動詞と云っています。

ドイツ話もそれに平行していて，

regnen (to rain)： es regnet (it rains)

schneien (to snow)： es schneit (it snows)

donnern (to thunder)： es donnert (it thunders)

つまり日本語ならば「雨」が「降る」と，雨が主語になりますが，ドイツ語の regnen は既に「雨降る」という意味を持っているのですから，その上もはや主語をつける必要がなく，単に文法上の形式を踏むために es（それ）という主語を附するのです。es には何の意味もありません。

非人称主語 es

その有形無意の非人称主語 es は，名前の通り人称に非ずで，詳しく云えば ich，du，er，sie，es の es ではないのです。中性三人称単数を意味する es ではなく，それとは全然用法を異にする es です。

たとえば，野原を歩いていると，「草の中でガサゴソという音がする」。

Es raschelt im Grase.

rascheln という動詞は，「ガサゴソという声がする」という，現象全体を指しているので，別に「何が」ガサゴソするかという事は此の際，別に問題になりません。たとえば何か中性の名詞を例に採って，一匹の Kaninchen（兎）が逃げ出した。どこへ行ったかと思って草の中を探すと，「そ奴め草の中でガサゴソやっていた」という es raschelt im Grase とは全然違うのです。その際ならば es は人代名詞で，das Kaninchen を代表していますが，非人称主語の es は何者をも代表しないのです。

此の点で，近代語をラテン語と比較してみると，非人称主語 es なるものの正体がはっきりわかります。

英語	it	rains
	それが	雨降る
フランス語	il	pleut
	それが	雨降る
ドイツ語	es	regnet
	それが	雨降る
ラテン語		pluit
		雨が降る

即ちラテン語では全然主語のない定形動詞のみを用いるのです。ラテン語ばかりではなく，ラテン語直系の言語はみなそれで，イタリア語もスペイン語も主語を附けずに定形だけで云い表します。

元来の非人称動詞と普通動詞の非人称的用法
必ず非人称主語 es を主語とする動詞を元来の非人称動詞と云います。それは何故かと云うに，普通の動詞も時に応じて非人称的に使用する事が出来るから，それらと区別せんが為です。

元来の非人称動詞というと，先ず regnen, schneien 等，天候又は自然界の現象を意味するものが主で，其の他に es hungert mich（私は空腹を感ずる）等，人間の主観的な気持を意味するものがあります。……

普通動詞を非人称的に用いるものに至っては其の場合が無限にあって，これはむしろ一般的法則として説明することにします。先に例を引いた es raschelt im Grase という句なぞがその一例です。その句では rascheln が非人称的に使ってありますが，そうかと云って rascheln が非人称動詞であるとは云われないのです。「彼女」や「我々」が rascheln する事もありますから。

...... （中略） ......

非人称動詞の心理的根拠

非人称動詞は一体どういう風な心理現象から生れてくるものか？という問は，決して閑人の愚問（müßige Frage）ではありません。斯くまでも応用範囲の広い一つの語学的範疇であってみれば，一応その気持ちの根底を究めてみることは，学究的態度として当然の仕儀でありましょう。

非人称動詞中の最も非人称動詞らしいもの，即ち unpersönliche Zeit-wörter katexochen（非人称動詞の粋）とも称す可きは，一番最初に述べた，天候気象，並びにその他の天然現象に関するものですが，此の事が既に非常に特徴的（charakteristisch）です。即ち，非人称動詞並びに非人称主語 es は，人間が万象を一つの奇異なもの，純客観的なもの，自分の責任にも非ず他人の責任にも非ざる，孤立した著しい「現象」を名づけんとする時に当然起ってくる考え方なのです。

西洋人は一たいに自然界を自然界として見ず，すべて人間側からの色眼鏡で打ち眺め，すべてを人格化し，責任化し，事務化し，合理化し，系統化し，組織化し，すべてのものを名詞と見る癖があります。其の根源は抑々ギリシャの昔にあって，ギリシャ人は「美」という名詞を抽象すれば，それがもう一人の人格として考えられていて，従ってすぐに神と化してしまいます。それがアーリアン人種の特有性で，現今でも西洋語を日本語に直訳しようとすると，「空腹が歩行を妨げ」たり，「彼の意志が私に歩み寄った」り，とにかく非常に固く理屈っぽくなる事が多い。それは何故かと云うに，日本人ならば決して主語にしないようなものを主語にして，或種の行動を取らせたり，一つの現象の責任を受け持たせたりするからです。それは決して抽象的概念的な頭を持った教養ある人士ばかりではない，...... （中略） ...... みんなそうなんです。つまり es steckt ihnen im Blute 彼等の血の中に宿っているのですね。

そういった様な，極端に主観的な，人間的余りに人間的（menschlich, allzu menschlich）な観方をするのは，アーリアン系の中でも，特にギリシャ，ラテン系，即ち南欧の先進民族が主で，ごく後からその班に列したゲルマニア民族は，必ずしもそういう合理化的傾向では割り切れない性質を持っていて，殊に南方文化の洗礼を根本的に経ていると，何等かの機会に客観的,非人間的な見方,即ち或種の現象を全然人間界の連関（Zusammenhang）に入らない，奇異な，孤立的な，「現象的」な，珍しいものとして非合理的に言い表わそうとする傾向がむしろ反動的に強まるものと見えます。非人称的な形式の最も著しいものは南方諸語に見えますが，それが凝結現象とならずに，ありとあらゆる内容に融通が利くようになってしまった最も面白い場合がドイツ語である所を見ると，私の観察には決して根拠がなくはないのです。

直ちに結論を云うと，非人称動詞は，自然界におけると観念の世界におけるとを問わず，一つの表象を，多少に拘らず一つの物珍らしき「現象」として観る所に其心理的根拠を持っています。非人称というのは，一種の静かな，虚心坦懐な，冷静な，多少無関心な，言わば驚異の眼をみはって物を熟々と打ち眺める，その観方なのです。自分というものが何等かの利害関係のためにゆとりが取れないと，「私は空腹を感ずる」なぞと云いますが，（現にフランス語では j'ai faim 私は空腹を持つ）多少たりとも達観すれば es hungert mich と云って，利害関係の中心を天然自然界に置き移し，自分（mich）というものを少しその圏外にずらせてしまいます。それは言い換えれば，「自分の中に今空腹という現象が起っている」という事です。言わばちょっと「人ごとのように言う」或いは「よそ事のように言う」わけです。

ところがどうも，此の余裕のない娑婆とか人生とか申す混沌たる現象の中に沈没している間は，中々そうは達観できないもので，たとえば，激しい悲しみに浸っている最中に，「俺という人間の中枢のあたりに悲痛という現象が起っているな」とはどうもちょっと考えられない。やっぱり人間の弱味で「俺は悲しい」と考えてしまう。科学的には単に悲しみという現象が「俺」の中を通過しつつあるきりなんで，なあに，俺に限って通過するという程個性的な神秘的なものではない，汝だって彼だって彼女だって通

過する，言わば豆腐屋や納豆売りとちっとも違わないのですがね。今豆腐屋が自分の家の前を通るからと云って，あれは己の豆腐屋だ，と云ったって始まらないように，今悲しみが自分を通過するからといって，それを正直に自分の悲しみだなん思って一生懸命に気を腐らすのは —— 人間的あまりに人間的です。

そういう人はどうしたら好いかと云うに，そのために非人称動詞というものがあるのです。凡ては人称に非ずと考えたが宜しい。腹が立ったら es zürnt in mir と云って自分を三格にしてしまう。立腹なんぞという下品な現象には一格として関与してやらない方が宜しい。現象を傍観すればよろしい。そうすれば現象の本来の姿がはっきりと現れます。今までは，其処までが自己の一部だと思っていた地帯が，自分ではなくて自然界の一部だった事に気がつきます。

何？　己達は説教を聴くために講義録を買ったのではない？ —— ではまあ此の辺で止めましょう。

一言だけ人間学的（anthropologisch）な観察を附記しておきます。人間はいったい最も客観的な事実（天候，気象）と，最も主観的な現象（気持，感情）とを最も早く驚異の眼を以て打ち眺めるとしたもので，その中間地帯（即ち両者の交渉，接触区域，人生，社会，仕事，努力，情実，境遇，交易，事務，関係等）が最も心身をあげて沈没してしまう，永久に達観しきれない危険区域です。（禅僧が議論で喧嘩するなんてのがそれですね。）—— 故に非人称動詞の元来のものが，天候気候に関するものと，人間の異常な気持に関するものに限られているのは，けだし故なきに非ずと言わなければなりません。（主観，客観の両極が先んじて現象扱いされるということは歴史的にも根拠があります。即ち，天然自然に関する自然哲学，自然科学と，その反対の人情，喜怒哀楽に関する形而上学，倫理，宗教等は，古代から学問化されていましたが，社会，人生，関係，仕事，等に関する学問は十九世紀に至ってはじめて生れ（始め？）ました。現今はその誕生の時代です。社会科学は，人世の中心がむしろ客観主観の中間区域にあった事に気のついた健全なる時代の特産物です。）

......（中略）......

文章の非人称化又は文法上の主語と意味上の主語

たった今例に引いた句に es finden sich Leute または es lassen sich Leute finden というのがありました。それは各々 Leute finden sich, Leute lassen sich finden（人々が見出される）と云うのと同じです。前者は後者を非人称化した文であると言います。

es finden sich Leute という非人称化した文を検［しら］べてみると，其処には二つの主語が発見されます。まず有形無意の非人称主語 es，これを文法的主語（grammatisches Subjekt）と言います。次が本当の意味のある主語，これを意味上の主語，または論理的主語（logisches Subjekt）と言います。そして finden という動詞の定形は，論理的主語に従って複数になっており，決して es を受けて単数になっていない事がわかるでしょう。

即ち一般法則が生れます。凡そ如何なる文章と雖も，それを<u>一つの珍しき現象として描写的に表現しようとする</u>時には，es を主語にし，その次に動詞の定形を置き，その次に意味上の主語を持ってくる事が出来ます。その際定形は意味上の主語に従って変化します。

    1. Das Meer braust.　　　海がざわめく　2. Es braust das Meer.　　（同意）
    1. Der Frühling kommt.　 春が来る　　2. Es kommt der Frühling.　（同意）

                 ...... （中略）......

<u>現象として打ち眺め，特異なるものとして意識し，達観しつつ表現する</u>，これが文の非人称化の本質です。たとえば詩人，哲学者は好んで非人称化を用い，<u>文の調子を高め詩化すると同時に，現象化し，絵画化</u>します。表象を造形美術化（plastisch gestalten）するのです。Goethe の句を引用してみると，たとえば Erlkönig（魔王）という有名な詩の中で，子供が物凄い夜景の中に魔王を認めて怯えると，抱いている父が ——

    Es scheinen die alten Weiden so grau.　　　黒きは柳の切株ぞ。

—— と云って宥めます。また Faust の中で，名句として名高いのに ——

    Es irrt der Mensch, solang er strebt.
    人間は強行力進する限り必ず運命に翻弄さる。

　　　　［迷えるこそ真に努力せる証拠なり］

―― というのがあります。

【『独逸語大講座』，第三巻，307-309, 312-314, 317-318 ページ，89 ページの角カッコ補足
と波下線佐藤】

Exkurs　関口存男の「多弁的座談調」の文体について

本巻第一部の最後に，関口の興味ある述懐を挙げたい。関口文法に特有と言っ
ていい「説明の繰り返し」と「座談調の文体」についてである。『接続法の詳細』
の初版の「序」において，次のように述べられている。

講義振りは，御覧の通り少々冗漫でありまして，簡潔な定義に依る教科書
乃至研究書風の文体を好まれる方々には，ひょっとするとあまり好い感じ
を与えないかも知れません。それに時々飛んでもない脱線などが頻出しま
す。―― けれども，書き具合によって読み具合をこれに合わせて頂くと
いう方法もあるわけで，本書の場合には，独逸語学講話の場合におけると
同様，すらすらと速く読んで頂きたいと思います。冗漫な文体には実は多
少わけがあるので，私はこれが最も良心的・学究的な方法だと思っている
のです。学問以外の事では，たとえば外交とか社交とかいったような方面
では，多弁は一種の頬かむりであり，問題を誤魔化すための最良の手段だ
そうですが，学問の世界ではむしろ其の反対で，いわゆる簡潔な，言少く
して能く多義を摂し，総持して以て熟読玩味す可き数行の定義なんてもの
は，正直なところ，ぼろ隠しのための窮余の一策である事が多い。伝えん
とする認識に対して，人間本当に自信があったなら，一回や二回の繰り返
して気持ちのおさまるわけがない。もし一回や二回の言い直しで気持がお
さまるとしたら，それはつまり，たかが一回か二回の言い廻しで気持のお
さまる程度の事柄でしかなかったに相違ない。―― 要するに，饒舌の正
体には二つの種類があり，問題を誤魔化さんがための饒舌というものもあ

れば，また問題を本当に究明せんが為の饒舌というものもある。前者は周到な用意の下に巧みに行われるが，後者は端的に且つ不用意の間に行われる。然り而して不用意は真に自信ある者にして初めて敢えてなし得る所の特権であります。

ひどく啖呵を切ってしまいましたが，本当のところそういうわけではありますまいか？

「座談調」なるものに関してもほぼ同様の事が言えます。膝つき合せた座談では嘘や誤魔化しは絶対に利かない。口を滑らしたら滑らしたで問題ははっきりしてくるし，変なところで黙れば黙ったでこれ又，問題は愈々以てはっきりしてくる。問題をはっきりさせるのは座談調に限ります。

そういう意味に於いての多弁的座談調でありますから，その多くの欠陥にも拘らず，良い一面を買って頂きたいと思います。

【『接続法の詳細』，初版，日光書院 1943,「序」，波下線佐藤：この初版の「序」は，1954 年の改訂版では省略されている】

第二部　関口文法の注目する言語現象

本巻第一部で紹介した「関口存男の言語観と人間観」からの「自然の帰結」として，関口は種々の注目すべき言語現象を指摘する。第二部では，それらを提示していきたい。

① 言語について

本巻第一部に引き続いて，まず関口の「言語観」を示す。(以下，最初の引用は，本巻第二部の「⑭ **処理的遂行と宿命的遂行**」に引用するものと一部重なる)

…… いやしくも言語が人間の主観の反映である限り，意志は自由か宿命かという，此の凡そ人間の行動につきまとう最も根本的な二つの相が，何等かの形において言語によって解釈され，何等かの形において言語においても亦そうした Dualismus を反映しているに相違ない。仮に此の Dualismus，此の対立，此の二途の解釈を「処理的遂行」と「宿命的遂行」という，或る場合には対立し，或る場合には一致し，或る場合にはまた一致も対立もしないままで未解決のまま大体同じようなものと考えられてしまう二つの遂行相として取り扱ってみよう。

【『冠詞』，第二巻「不定冠詞篇」，第三章「単回遂行動作と独逸語」，129 ページ，波下線佐藤】

/////////////////////////////////////

なぜ，此の様な形容や描写にまでも処理遂行の ab- を用いるかということは，これも日本語の類似の現象でわかる。[注：関口がここで言う「此の様な形容や描写」については，この引用に続く囲み内の説明を参照]たとえば，「尖がっている」では満足できないで「キュツと尖がっている」と云い，「円みを帯びている」だけでは気がすまないで「フックラ円みを帯びている」

と云い，「痩せている」では足りなくて「ゲソッと痩せている」，「肥っている」代りに「デップリ肥っている」のなどがそれである。一ヶ所が天然自然に凹んでいるのを形容して，まるで凹んだ時を見て来たように，「ペコンと凹んでいる」などと云う必要は毛頭ないのであるが，<u>言語は必要なことだけ言うわけではなく，むしろ必要なことは倹約しても不必要なことは最も多く言う</u>のである。それはちょうど読者諸賢にしてからが，掛かるべき医者には掛からないでも映画館へだけはせっせとお通いになるのと同じことで，<u>言語はただ人間を正直に反映しているだけの事</u>と思えば好い。<u>言語は意を達するために発明されたものではない，意を充たすために発明された</u>ものなのである。ドイツ人は普通どういう風に思ったことを言い表わすか，がドイツ語なのではない。ドイツ人は普通どういう風に思ったことを言い表わしたら<u>気がすむか</u>？これがドイツ語なのである。

【同所，143 ページ，角カッコ補足と波下線佐藤】

関口が1行目で「此の様な形容や描写」と言うのは，例えば棒のはしや路地の曲がり角などに「円み」がついているのを gerundet ではなく <u>ab</u>gerundet と言い，牛乳の一度煮立てたものを gekochte Milch ではなく，<u>ab</u>gekochte Milch と言うことなどを指している。つまり，「遂行という動作」がすんでしまった「遂行後の状態」を描写，形容する場合にも，「処理遂行の ab-」という前つづりが用いられることの指摘である。

//////////////////////////////////////

解釈する（auslegen），解きほぐす（auseinanderlegen），繰りひろげる（entwickeln）ということは，ややともすると勝手気儘な解釈を加えるという事に通じがちであるから，簡単に，多少方法論的考察を加えておきたい。表面だけ見ると単純怪奇な恰好をしたものを，その現象性に於て納得せしめるために，一応これを考えの上で分解して見せて，まるで中へ這入って見てきたように説明するというのが「解釈」であるが，そうした単一怪奇なものには，

たとえば自然現象と人工現象との二種類がある。前者はたとえば「人体」であり，後者はたとえば「時計」である。生理学者は人体の機能を解釈して，まるで裏面に這入って見るように説明する。時計屋も，別に分解するまでもなく，時計の内部を，まるで眼に見えるように説明することができる。ところで，人体の方は，人間のことではあるけれども，なにしろ神様がお作り遊ばしたもののことゆえ，たとえ生理学者といえども，そう絶対的な自信を以て解釈するわけにはいかないことも起ってくる。時計の方は，これは人間が作ったものであるから，元来完全に解釈することが出来る筈のものである。するとさて，言語現象はそのどちらであろうか？　筆者は，言語現象は，ほぼ自然現象と人工現象との中間あたりに位置するものと考えてよろしいと思う。従って，解きほごしたり繰りひろげたり，要するに解釈するということは，時計の場合ほど自信を以てやるわけにはいかないが，人体の場合ほど勝手気儘になったり独善的になったりすることを心配するにはあたらないと思う。如何となれば，言語というものは，時計ほど人間が全部意識的に考えて造ったものではないが，しかし，人体ほど人間が全然関知せずに造られてしまったものではないからである。

【『冠詞』，第二巻「不定冠詞篇」，第十章「不定冠詞の仮構性の含み」，540 ページ，波下線佐藤】

//////////////////////////////////////

関口は，『冠詞』，第三巻「無冠詞篇」，第三章「反射的掲称」を次のような言葉で始める。この説明を踏まえて，続く引用を読まれたい。

反射は合言葉を創り出す
「ただいまの段階におきましては，日本の軍隊は，軍隊とは申せ，実は戦力なき軍隊でありまして ……」と言って大臣が議会で答弁するのを聞けば，これを聞く者の頭の中では，賛成の意味においても反対の意味においても，此の「戦力なき軍隊」という一語が鋭く脳を刺戟して，当人が欲すると欲せざるとにかかわらず，此の一語は機械的に声なき声をもって繰りかえし発音されるにちが

「意識に反映する」ということは，意識が「反応」を呈するということである。本章において問題になってくる事は，すべて「反映」とか「反響」とか「反覆」とか「反応」とか「反省」とか「反射」とか「反照」とか「反撥」とかいったような，とにかく「反」（かえす）という用語によって最後の考え方が特徴づけられるという点に注目していただきたい。それらは，けっきょくは「反射」（反射運動，Reflex）という生理現象として考えられる。言語は人間の意識に関係のある現象であり，人間の意識というものは，人間の身体に比して考えるのが最も妥当だからである。

【『冠詞』，第三巻「無冠詞篇」，第三章「反射的掲称」，182 ページ，直下線関口，波下線佐藤】

////////////////////////////////////

　　小先生：…… けれどもちょっと気にかかるのは，要求話法の一つだという『あいつが病気だろうと達者だろうと』という，いわば認容的な文章だね，こいつも矢張り日本語の訳語の方から何とか理窟がつくのかね？

　　大先生：つくどころじゃない，『病気だろうと』という『と』に現われている徴候がどんな解釈を要求するかを考えてみれば，結論は自然に出てくる。『病気だろうと』というのは，仮に『病気だろうと』仮定するということだ。

　　小先生：ではそれも解ったとして，さて其の次にちょっと気になるのは，

98

一たい君の考え方はすべて日本語の訳語を絶対に妥当なものと仮定して，ドイツ語の接続法そのものを論じないで，むしろ接続法の**訳語**ばかり論じている様に見えるが，それで大丈夫なのかね？

大先生：訳語とか翻訳とかいうものには，かなり勝手気儘な方面もあるけれども，一面また，原語に於ては形として現われない一段奥の事実が，はっきりした形を取って露骨に言葉となって表面化するという好都合もある。只今の sei という接続法形についても同じ事が云えるので，接続詞 daß の機能がその中に含まれているという事は，たとえ此の sei を如何に精巧なる顕微鏡を以て検［しら］べたところで，具体的な形として見えるわけのものではないが，これを一度翻訳するとなると，日本語に接続法という丁度ぴったりした形式が存在しないために……というより寧ろ，存在しないお蔭で，単なる無形の機能にしか過ぎなかったところのものが，原意に忠ならんとする努力の結果，苦しまぎれに思わず識らず『てにをは』のようなものとなって飛び出して来るのだ。**一たい苦しまぎれに飛び出して来るものという奴はすべて天真爛漫たる正直さを持っている。**然り而して一国語から他国語へと行われる翻訳というものほど苦しまぎれなものはない。苦しまぎれに飛び出して来る『てにをは』に，ドイツ語の通りの感じをぴったりと表現しながら，しかも余力を以て序でに接続法の本質を説明してみせようなどという綽々たる余裕があろうなどとは到底思われない。また，仮にそんな贅沢な余裕があったとしたら，そんな余裕でチョット序でに試みたような説明ならどうせ碌な説明じゃない。ところが，そんな余裕は一切なくて，ただとにかく当面の意味を伝えるだけで手一杯なものだから，だからこそ，そのどさくさ紛れに思わず飛び出して来たものは正直でもあり本物でもあるというわけさ。況んや，只今の場合に於けるが如く，そこに徴候として飛び出して来る『てにをは』が，お互いに何の関係もないものばかりではなくて，『**接続詞 daß の機能**』という主張に照らしてみると，さながら符節を合わすが如きものであるに於てをやだ。

【『接続法の詳細』，第二篇「意味用法を主とする詳論」，第一章「接続法の本質」，26-27 ページ，太字関口，角カッコ補足と波下線佐藤】

② 「意味」と「意味形態」［その２］

本巻の第一部の「③「『事実』と『事実の考え方』と『言語表現』——『意味』と『意味形態』［その１］——」において，関口が「意味」と「意味形態」を対立させる時，そこには次のような対応があった：

> 「意味」＝「事実」，つまり普遍的な「言語外事実」

> 「意味形態」＝「その事実についての，人間の考え方」

その一方で関口は，以下の引用の様に，ドイツ語，日本語などの「個々の言語」に特有な意味内容も同じく「意味」と呼んで，「意味形態」と対比させることがある。上記の場合と混同してはならないところであり，注意が必要である。この場合は，次のように言うことができる：

> 「意味」＝（ドイツ語，日本語という）「個々の言語」に特有の意味内容
> 　　　　（つまり「普遍的」ではなく，「個別言語的」である）

> 「意味形態」＝異なった「意味」に共通する「意味内容の類型」
> 　　　　　　（その「意味」を超えた高次の存在）

「意味形態」については，本書の第３巻『関口文法の解釈とその発展の可能性』であらためて述べたい。

搬動詞 Lativum

搬動詞という名称は私自身が必要に迫られて講座，文法書等で用い始めたもので，いつか一度詳しく其の意味を説明し，同時にそれがドイツ語の文法で如何に重要な役割を演じているかを指摘したいと思っていたのです。—— 殊に私が度々用いる『意味形態』という根本概念をなおも明確に突きとめて行くには非常に好都合な Thema であろうと思います。

　　　　　　　…… （中略）……

まず，突然ですが，日本語的な考え方から見ると多少奇異な感じを抱かせるような語法から出立して述べることにします。

> Er ist es, der mich vor Jahr und Tag an diesen Posten geschwatzt hat.

　　数年前，なんだかんだ云って俺をこんな任地に来させてしまったのは，
　　実は彼奴なんだ。

schwatzen はお喋りする意味の動詞ですから，上文を直訳するとすれば，
『数年前おれをこんな任地へ喋ってしまったのは彼奴なんだ』となりま
しょう。私を任地へ喋ってしまったというのは，砕いて言えば，お喋りを
する事によって私を任地につけたということです。換言すれば Er ist es,
der mich vor Jahr und Tag durch Schwatzen an diesen Posten gebracht
hat ということです。……

なおもう一つの例を挙げます。

　　Der liederliche Bursche hat seine alte Mutter ins Spital getanzt.
　　此の道楽息子は，あんまりダンスに凝ってしまって，遂には老母に
　　貧民院に這入るような憂目を見させてしまった。

これはまあ，文章としては少し奇抜かも知れませんが，搬動語法という文
法形態がある以上は，こういう事を云っても差しつかえないので，或種の
場合には，こういう風に云うと非常に面白さが生ずるのです。……

この sie ins Spital tanzen という結合は，云い換えれば，前にやったのと
結局同じ事で，sie durch Tanzen ins Spital bringen 或いは sie über dem
Tanzen ins Spital bringen（踊りに気を取られているうちに彼女を貧民院へい
れてしまう）という事で，bringen という概念がつけ加わっている，と云
うよりは寧ろ単に bringen を他の勝手な語で言い換えたのであると云うこ
とが出来ます。これを一般化して申しますと，ドイツ人特有の語法として，
ins Spital とか an den Posten とか，その他とにかく到着点，落ち着く先
の点，或いは運動の方向を明示する句或いは語が既に用いてあるというと，
そして同時に mich（私を）とか die alte Mutter（老母を）とかいったよう
な四格が置いてあるというと，動詞はもう兎に角 bringen とか werfen と
か tun（＝ bringen）とか legen とか，とにかく『搬び動かす』という意味
の動詞であることが明瞭であるから，その明瞭性を基礎にして（わかり切っ
たものとして），その位置に兎に角どんな動詞を持ってきても構わないので
す。これらの，其の時々の勝手気儘な動詞は，その元来の意味はどうある
にせよ，其の場合にはすべて bringen を基礎にした意味になるわけです。

動詞のこうした用法を私は搬動語法と呼んでおこうと思います。只今述べたところの例だけでは，なんだか非常に特殊な事柄で，文法書の一般問題などには一見何の関係もないように考える人があるかも知れませんが，それは段々と説明していけばわかります。ちょっと vorwegnehmen して云えば，たとえば sich durch's Leben schlagen とか，sich zurechtfinden とか，sich hineinschleichen などという sich がどういう訳で附いているかを説明するには，どうしても此の語法から出立しなければならないでしょう。

搬動語法の特徴

さて，搬動語法の特徴ですが，これからの説明を充分理解せんがためには次の三項をはっきりと念頭に置いて聴いて頂く必要があります。

[1]　必ず四格の補足語がある。（前例で云えば mich, die alte Mutter 等）

[2]　必ず方向を指す状況規定がある。（an diesen Posten, in das Spital 等，即ち an, auf, in, unter 等ならば必ず四格支配 —— 但し aus, zu, von 等は然らず）

[3]　動詞は必ず其の**意味形態**が bringen である。（**意味**は各々違うが，**意味形態**は共通である）

備考：もっとも，helfen だけは元来が三格の補足語を取る故，これだけは補足語が三格です。たとえば Er hilft mir in den Wagen；er hilft mir aus der Not；Wer hilft mir auf die Beine?（誰か俺を助け起こしてくれる奴はないか？）

【『ドイツ語学講話』，〔2〕「搬動詞［Lativum］」，42-44 ページ，直下線と太字関口，波下線佐藤】

/////////////////////////////////////

結果挙述の形容詞を伴う語法と混同すべからず

四格を伴うという点に関して一つ注意しておきたいのは，この Lativum（搬動詞）とよく似た他の場合があることです。たとえば：

Auf deinem Kopfe könnte man die Nägel **gerade** klopfen.
おまえの頭は，金槌で叩いて釘の曲りを延ばすために台にしても
好いほど堅い。

この際 gerade klopfen（真っ直ぐに叩く）というのは，叩いて真っ直ぐに『する』ことです。云い換えれば klopfend gerade <u>machen</u> の意です。これは<u>bringen</u> とはちがいます。此の際は方向を指す言葉ではなくて，gerade などという<u>結果の状態を指す形容詞</u>があるのが特徴です。四格が必ず無くてはならない点も大変搬動語法と似ていますが，<u>動詞の**意味形態**が bringen</u> <u>ではなくて machen である点</u>がちがいます。

【同所，44 ページ，直下線と太字関口，波下線佐藤】

/////////////////////////////////

たとえば das Kissen naß weinen（泣いて枕をぬらす）にせよ sich die Taschen leer spielen（賭博してポケットを空にする）にせよ，weinen も spielen も，<u>意味はおのおの違っているが，意味の形態はすべて machen</u> <u>である</u>，ということができる。それは，sein 支配の動詞の型を「werden 型」と「gehen・kommen 型」で分類できるのと同じことであり，また搬動語法も「bringen 型」と云えばそれで説明がつくのと同じである。

【『冠詞』，第三巻「無冠詞篇」，第十一章「錯構」，554 ページ，波下線佐藤】

/////////////////////////////////

結果挙述の形容詞

云々した結果，或る物が云々となる，という因果関係を含めた「ある物をどうする斯うする」という構造は，これも zu, in の場合に於けると同様，ドイツ語では極端に発達していて，遂には題文の如き sich dumm lesen（=

sich durch Lesen dumm *machen*) といったような結合まで許される。

此の際の lesen は，やはり意味形態が machen 型である。即ち，普通の単なる「読む」ではなくて，「読むことによって …… 化する」である。(lesen という語に特にそうした「意味」があると思ってはいけない。lesen 以外のどの動詞でも，このような「語局」に於てはそうした「意味形態」を取り得るというのである。)

【『独作文教程』，453 ページ，イタリックと太字関口，波下線佐藤】

/////////////////////////////////////

「いやあね，またこんな所にタバコの焼け穴を拵えて！」
Hu! da hast du schon wieder hier *ein Loch* gesengt mit deiner Zigarette!

結果挙述の目的語
「焼いて穴を作る」即ち焼け穴を拵えることを「穴を焼く」という。此の際の ein Loch は，既に初めから存在していた穴ではなくて，sengen なる動作の結果として生ずるものであるから，結果挙述の目的語である。sengen という動詞も，茲では erzeugen（生ぜしめる）の意の machen 型に属する意味形態である。

【同書，456 ページ，イタリックと太字関口，波下線佐藤】

「意味形態」の3種類について
関口文法は「意味形態文法」とも呼ばれるように，そこでは「意味形態」という概念が，理論を展開する上で，またその理論を実践に移す上で，中心的な役割を果たす。関口はこの「意味形態」には，「第一」，「第二」，「第三」の区別があると言う（例えば『冠詞』第一巻，28 ページ）。本書の「第一部 ③ 節」と「第二部 ② 節」で説明されている「意味形態」は，関口が「最も普通に用いる第二意味形態」であり，「思想形態」と説明される（同所）。この「意味形態」の三つの区別については，本書第3巻『関口文法の解釈とその発展の可能性』で詳しく触れたい。

---

③ さしずめ性（zunächst und zumeist）

Ich bin kürzlich bei dem Grafen von Zarlin gewesen und habe dort ein Gemälde gesehen, wieder und wieder gesehen und des Sehens kaum genug gekriegt. lch fragte nach <u>dem Meister</u>, der Graf ließ mich raten, ich riet und sagte: Tillsen! *(Mörike: Maler Nolten)*

私は最近 von Zarlin 伯の邸へ出かけたが，掛けてあった油絵にいたく感心して，何度も何度も見なおし，いくら見ても興が尽きなかった。作者は，とたずねると，伯は，誰だかあてて御覧なさいというので，私は，Tillsen でしょうと云った。

定冠詞の機能は，その次に置かれる名詞の表示する概念が，何等かの意味に於て既知と前提されてよろしいということを暗示するにある。ここに掲げた例文について云うならば，dem Meister「画伯」という概念は，dem を冠置したことによって，何等かの意味において，読者に向かって改めて紹介したり説明したり詳しく規定してみせたりする必要がない概念，即ち一言にして云えば，「既知」と前提されて宜しい概念であるということが暗示されている。

然らば，此の場合の Meister なる概念は，筆者はいったいどういう意味において既知と前提する権利を持っているのであろうか？　その出立点は，数行上の ein Gemälde にある。此処は，一枚の油絵が問題の焦点となってきた瞬間のことであるから，「その油絵を描いた画伯」と云おうとすると，只今までに述べてきた定冠詞の機能から考えると，たとえば関係文の具体化規定でも附置して lch fragte nach dem Meister, der es gemalt hatte とでも云わないといけないかと思いそうなところであるのに，何等そうした直接規定を用いることなく，単に dem と云ったきりで，前出の ein Gemälde から考えて充分に関係がわかる。充分に関係がわかるから，従って既知概念と前提されてよろしいわけである。

......（中略）.....

...... dem Meister は非常に簡潔で，二格規定も関係文規定も，その他何の直接規定をも伴っていなくて，しかも「只今問題になってきた油絵を描い

た人」という，非常に具体的なことを意味しているところに，或種のはっきりとした特徴がある。日本語でも「作者は誰かと尋ねた」と，殆ど同じ程度の簡潔な表現ができるが，此の場合の「作者」がちょうど此の dem Meister に相当する。

..... （中略）.....

......［この場合に最も重要なのは］既出概念（たとえば ein Gemälde など）と，それに結びつけて導入される関係概念（der Meister）との間には，一方が問題になった以上は期せずして他方もまた同時に問題になる，といったような，密接であると同時に自然な連関（der Meister zu diesem Gemälde, das Wort zu einem Rätsel 等，「連関的所属の zu」）がなければならないという，此の一点である。即ち「A というと，考えはさしずめ B に飛ぶ」（ドイツ語の naheliegen, nahelegen という動詞が這般の関係を云い表わすのに最も好都合である：Ist von A die Rede, so liegt es nahe, auch an B zu denken 或いは Der Gedanke an A legt den Gedanken an B nahe）といったような連想円滑性がなければならない。此の連想円滑性を仮に「さしずめ性」（Zunächsteinmaligkeit）と呼ぶならば，「さしずめ性」こそは人間意識の表面の機構そのものと云ってもよい（Heidegger, Sein und Zeit, の指摘している Bewandtniszusammenhang, Verweisungsganzes, Zeichen を通じて Verstehen に至る諸観点，殊に zunächst und zumeist「さしずめ誰でも」という現象）ほど重要な意識形態（或いは関心形態）で，従ってまた重要な意味形態である（如何となれば言語という現象は Verstehen という現象のそのままの反映なのであるから）。......

..... （中略）.....

...... Meister は元来一般的に考えた意味での「名匠」であるが，先程も云った通り，此処でも早速「ドイツ語（ばかりではなく，英仏その他も大体同じ：master, maître）の Meister は日本語の名匠ではない」と云わざるを得ない。それが証拠に，Ich fragte nach dem Meister を「私は名匠は誰かと問うた」などと訳した日にはどうであろう？　此の dem と此の Meister を正しく理解せんがためには，そもそも Meister なる語の訳語にではなく，その「さしずめ性」に関する刻明な知識がなければならない。即ち，Meister とい

う語は，十七・八世紀から十九世紀にかけての伝統の結果として，**さしず**
め先ず「画匠」あるいは「彫刻家」のことを云うのである。ほんとうは作
曲家でも文豪でもよいはずであるのに，美術批評家たち，ことに
Renaissance が主として眼に見る芸術の国民であるギリシャ芸術を中心と
して動いてきた圧倒的時流の結果として，口を開いて Meister と云えば，
「**さしずめ**」はまず画匠か彫刻家（Davinci, Michelangelo, Rembrandt
等々々々）のことしか考えないので，他のあらゆる名匠は「さしずめ」（お
気の毒ながら）とにかく除外されてしまうのである。極言すれば，文豪や
詩人（楽匠すら或る時代までは）は，eigentlich には Meister かも知れないが，
zunächst und zumeist には「Meister に非ず」といって差しつかえないの
である。Goethe を Meister と呼ぶ際には，いわば画匠と比較して，いわ
ば譬喩的に，いわばお世辞としてそう云うにすぎないのである。

【『冠詞』，第一巻「定冠詞篇」，第一篇「指示力なき指示詞としての定冠詞」，第六章「前
文の既出概念または文局そのものを間接規定とする場合」，261-264 ページ，直下線と太
字関口，角カッコ補足と波下線佐藤】

④ 誤想の排除，否定

関口は，『冠詞』，第二巻，第一章「不定冠詞概論」において，不定冠詞の持つ
「四種の含み」を示す。

…… 不定冠詞というものを，その「含み」の点から観察するというと，ちょ
うど日本語の「一つの」と「或る」と「或種の」と「何等かの」との四定
訳に顕れているような四方向が識別されるから，これを先ずはっきりとし
た言葉に当てはめて言い現わしておく必要がある。

  [1] 不定冠詞の第一段の含み：個別差の含み （定訳語：「一つの ....」）
  [2] 不定冠詞の第二段の含み：不定性の含み （定訳語：「或る ....」）
  [3] 不定冠詞の第三段の含み：質の含み   （定訳語：「或種の ....」）

[4] 不定冠詞の第四段の含み：仮構性の含み　（定訳語：「何等かの ....」）

【『冠詞』，第二巻「不定冠詞篇」，第一章「不定冠詞概論」，10 ページ】

> そして第四段の含みである「仮構性の含み」は次のように説明される。

...... 或いは架空的推論を行わんがために，或いは普遍妥当命題を導き出さんがために，或いは否定し去らんがために，或いは未然に対処せんがために，<u>仮にしばらく「一つの具体的な」（ein!）場合を設けて考えてみる</u>，という含みである。

【『冠詞』，第二巻「不定冠詞篇」，第十章「不定冠詞の仮構性の含み」，525 ページ，波下線佐藤】

> 関口はこの「仮構性の含み」を，『冠詞』第二巻の最後で，「誤想」という見地から検討していく。

誤想という見地から見た不定冠詞の仮構性の含み

仮定であるにせよ，架空の前提であるにせよ，未然への企画であるにせよ，<u>仮構は自然の勢としてとかく否定し去られる運命にある</u>。故に，仮構の含みなるものの全貌を明らかにせんがためには，最後にこれを「否定文」という角度から眺め直さなければなるまい。<u>否定せんが為に便宜上一時仮に設けてみる仮構概念は，これを「誤想」と呼ぶことができる</u>。たとえば：

> Der Beitritt zu diesem Verein ist jederzeit möglich. <u>Eine</u> Aufnahmegebühr wird <u>nicht</u> erhoben.
> 此の会へは何時でもはいれます。入会金といったようなものはべつに徴収しません。

...... （中略）......

...... 先行する Eine と，後につづく nicht との関係を考えてみると，Eine

Aufnahmegebühr は，nicht によって排除せんがために仮に設けられた「誤想」である。……

　　　　　　……（中略）……

単に否定するというだけの見地に立って考えるならば，べつに此のような<u>二段の構造</u>を採る必要は少しもないわけで，名詞の部分を否定せんがためには否定冠詞 kein というものが与えられているのであるから，<u>Keine Aufnahmegebühr wird erhoben</u> と云えばよいわけである。ところが，<u>Eine Aufnahmegebühr wird nicht erhoben</u> には，Keine と一口で否定し去る場合とは全然ちがった内面構造がある。それは即ち，<u>否定の対象となる内容を先ず「誤想」らしき含みを以て提示し，提示が徹底した頃を見計らって次に改めてこれを否定する</u>という，この<u>二段構えの構造</u>である。

誤想らしき含みとは何か？　たとえ文字の上に表われていなくても，これは恐らく排除の目的をもって仮に提示されたにすぎない誤想であるということが，提示と同時に逸早く察知されるということである。Eine Aufnahmegebühr には，これが誤想であることを明示する説明（たとえば vermeintlich などという形容詞：eine vermeintliche Aufnahmegebühr）はべつに加えられていない —— それにもかかわらず，前掲の全文を初めからずっと読みおろした際，Eine Aufnahmegebühr のところへ来ると，何故ということなく，単なる気配で，<u>これはきっと打ち消そうとしているのだ！ということが露骨に感じに迫る。これが誤想の含みである。</u>

【同所，587 ページ，直下線関口，波下線佐藤】

> 関口は，「ひとまず仮に……しておく」という「二段構えの誤想排除」を，他の「誤想排除」の場合と比較して，その間の違いを鮮明にする。

そうした関係を，最後に，対立的に鋭く云い表わすとすれば，次のごとく云うことができる。即ち：

　［A］<u>Niemals</u> habe ich <u>einen Fehler</u> begangen.

［B］ Keinen Fehler habe ich je begangen.

［C］ Einen Fehler habe ich nicht begangen.

の三つの場合を比べてみると，「過失」を犯した，という誤想は，［A］に
おいては，構成される以前に於て既に排除否定されてしまっている。［B］
においては構成されると同時に既に排除否定されている。［C］においては，
一旦構成された後（此の過程が「仮構」である！）改めて排除否定されてい
るのである。

【同所，600 ページ，直下線関口，波下線佐藤】

> この「誤想の排除」という考え方は，「否定」の本質の説明につながっていく。

…… 仮構の含みは主として動作名詞（事型名詞）に関するものである。従っ
て，誤想の含みも，たとえば前掲の例文［Der Beitritt zu diesem Verein ist
jederzeit möglich.］の Der Beitritt（入会）などの場合においてもっとも純
粋な形で表われるはずである。たとえば「この会に入会するなどというこ
とは不可能である」（Ein Beitritt zu diesem Verein ist nicht möglich）など。
此の見地から考えると，只今の中心問題になった Eine Aufnahmegebühr
（入会金）は「物」型名詞であるから，一見その趣旨からはずれているよ
うに思われるかも知れない。けれどもそれは考え方がまちがっている。そ
れはおそらく「否定」というものの本質に関して明らかな認識を有しない
ところから来る考えちがいである。そのためには，この際は一見
Aufnahmegebühr という物型名詞が否定されているように見えるかも知れ
ないが，そもそも「物」や「者」を否定するなどということは意味をなさ
ないことで，実は Aufnahmegebühr erheben（入会費を徴収するということ），
或いは名詞化すれば Erhebung der Aufnahmegebühr（入会費徴収）という
全部分が nicht によって打ち消されているのである。……（中略）……［A］
の場合［Eine Aufnahmegebühr wird nicht erhoben. の場合］を指して「物型
名詞の否定」と考えたり，また Keine Aufnahmegebühr wird erhoben とい
う形を見て，意味の上でまで Aufnahmegebühr だけが局部的に Keine

によって否定されているように考えるなどということは，……（中略）……
改めて申すまでもないとは思うが，……（中略）…… ちょっとついでに注意
しておきたい。英語の in no time や in less than no time においては no は
あきらかに time という名詞だけを打ち消しているのであるが（The job
will be finished in [less than] no time など），ドイツ語の Ich habe keine Zeit
において keine が Zeit を打ち消しているとか，たとえ局部否定などとい
う語を用いるにしても，否定が Zeit だけに局限されて，それ以上には出
ていないかの如くに考えるのは，とんだ誤りである。「私は皆無時間を持っ
ている」ということではなく，<u>否定されているのは Zeit haben なのである。</u>
―― このように考えれば，<u>元来動作名詞だけが問題になるべきはずの誤
想の含みの不定冠詞が，一見動作名詞以外の普通の名詞の場合にもしきり
に用いられる</u>という事実には何の不思議もないことがわかるであろう。

【同所，588-589 ページ，直下線関口，角カッコ補足と波下線佐藤】

⑤「指す」と「受ける」
― 指示詞と定冠詞の違い ―

> 関口は，「定冠詞と物主冠詞と指示代名詞との違い」を次のように印象的に説
> 明する：
> 　　　指示詞は「指す」　　物主冠詞は「示す」　　定冠詞は「受ける」

定冠詞（即ち指示力なき指示詞）と物主冠詞と指示代名詞との使い分け：
所属関係を明示するには，物主冠詞または指示代名詞（指示冠詞の方は問
題にならない）が用いられることは申すまでもない：An diesem Romane
interessiert mich nur <u>sein</u> Titel (*od.* <u>dessen</u> Titel；der Titel <u>desselben</u>) けれ
ども，無差別に三者を乱用することは許されない。以後の叙述においては，
適宜この三者の境界を画していくが，<u>指示詞の機能は既出（稀には後出）
の概念を「指す」にあり，物主冠詞の機能は該者への所属を「示す」にあ</u>

111

り，定冠詞は該者への所属を指すともなく指し，示すともなく示すという含みをもった「指示力なき指示詞」であるという原則を忘れないようにねがいたい。つまり，何等かの関係を「指す」のでもなく，「示す」のでもなく，単に「**受ける**」のである。

【『冠詞』，第一巻「定冠詞篇」，第一篇「指示力なき指示詞としての定冠詞」，第五章「文内に所属間接規定ある場合」，232-233 ページ，直下線と太字関口，波下線佐藤】

/////////////////////////////////////

> 「指す」と「受ける」の差は，これだけではなく，「指示代名詞」と「人称代名詞」の間，あるいは「指示代名詞（2格）」と「物主冠詞」の間にも存在する。

定冠詞の本質は，その次に置かれた名詞の表示する概念が，何等かの意味において既知と前提されてよろしいことを暗示する所にある。ところで，その何等かの意味というのは，「現在眼のあたりで問題になってきた何物か，或いは何事かを指して（或いは正しく云うと「受けて」）これを別な言葉で言い直す」という意味であってもよい筈である。また，これが凡ゆる既知性中最も直接な既知性であって，そうした意味に於て既知として扱ってよいことを暗示するのが，これが「指示力なき指示詞としての定冠詞」という，最も基礎的な，そしておそらくはまた歴史的に云っても最も早くから始まった定冠詞の用法である。

　　　　　…… （中略）……

備考：「指示力なき指示詞」という形容は，もちろん「指示力ある指示詞」と対立せしめたものである。たとえば Das ist …… の Das や，Der ist …… の Der は指示力を持っているが Es ist …… の Es や Er ist …… の Er は指示力を持っていない。指示代名詞（der, dessen, dem, den）と人代名詞（er, seiner, ihm, ihn）との間には「**指す**」と「**受ける**」の相異がある。指示冠詞（der, dieser）と，今問題になっている定冠詞との間にもやはり同じ

相異がある。

【『冠詞』，第一巻「定冠詞篇」，第一篇「指示力なき指示詞としての定冠詞」，第七章「前文の既出概念または当面問題になって来た概念を換言する場合［一般論]」，273 ページ，直下線関口，波下線佐藤】

//////////////////////////////////////

同様の差［「指す」と「受ける」の差］は dessen や deren と物主冠詞 sein-, ihr- 等との間にも見られる。dessen Name とか der Name desselben 等と云う時には dessen, desselben は既出の何者かを「指し」ているが，sein Name と云えば，sein は既出の何者かを単に「受け」ているにすぎない。Sein Name ist Walter は，ほんとうに正しく訳するとすれば，むしろ単に「名はヴァルターという」と云った方がよい位である。要するに「改めて指さなくても自然にそれとわかる様に連絡をとる」のを「受ける」と云い，「受けただけで自然にそれとわかるほどの緊密な連絡が与えられてない時に，改めてはっきりと連絡を取る」ことを「指す」というのである。

【同所，274 ページ，角カッコ補足と直下線および波下線佐藤】

⑥ 換称代名詞

定冠詞の「受ける」という機能から，「換称代名詞」という文法概念が生まれる。

Ich schrieb an Max Weiße, weil ich den einflußreichen Mann im Jahre 1952 kennengelernt hatte.
わたしが Max Weiße に手紙を書いてやったのは，この有力者と 1952 年に知己になったからであった。

定冠詞の用法と，これから述べようとする「換称代名詞」という特殊な名詞の用法とを，筋道の方からも，実地の感じからも，よほどよく意識して身につけていないというと上掲文中の den einflußreichen Mann というのが，単に Max Weiße に対する「言い換え」にすぎず，言わばまあ「代名詞」と同じものであるということに気がつかないことがあります。den einflußreichen Mann は単に ihn というのと同じことなのです。こうした，代名詞のそのまた代名詞といったような関係になる名詞を，仮に「換称代名詞」と呼んでおきましょう。(何等かの意味で先行詞を違った語で「言い換え」るからです) —— すると，換称代名詞はかならず定冠詞を伴う，あるいは定冠詞のついた名詞には換称代名詞という特殊な場合があるから注意せよ …… といったようなことになるでしょう。

……（中略）……

この「換称代名詞」という現象は，定冠詞というもののある国語にのみはっきりと現われる特殊現象なので，たとえば日本語などでは，いちいち「この …… 何とか」(「この」はほんとうは dieser です) といわないと表現できません。ところが，定冠詞というやつは，「この ……」とは，同じようで，実は非常にちがうのです。「この ……」とか「あの ……」とかいう，いわゆる指示詞は，**「指すことば」**ですが，定冠詞は**「受けることば」**です。**指す**のと**受ける**のとは大変ちがいます。指すというのは，今までは注意が向いていなかったある物に対して改めて注意を向けさせることです。受けるというのは，その反対で今充分に注意が向いていて，改めて指したり示したりする必要のないものをば，そのままソーッと別な形で受けついでいくことです。

説明するとなると大変厄介なことになりますが，とにかく上例の den einflußreichen Mann の den が，その日本語訳の「この …… 云々」というのにあたる diesen よりは，ずっとずっと軽い，ずっとずっと目立たない，「指している」というよりはむしろ「それとなく受けている」という機能を持ったものであるということは少しでも西洋語の匂いを嗅いだ人々は直感的に感ぜられるにちがいありません。……

……（中略）……

最後に，「代名詞」という以上に出て，少しプラスがついて，いわば，先行名詞を受けるという以外に多少の副機能をも発揮することがあるという点にも触れておきましょう。たとえば：

> Sie würdigte ihn keines Blickes, und der zum Tode Betrübte jagte sich eine Kugel durch den Kopf.
> 彼女は彼などには眼もくれなかったので，かれは失望落胆の極み，ピストル自殺を遂げた。

この der zum Tode Betrübte は前出の ihn を受けている換称代名詞にちがいありませんが，単に er といったのでは充分に表現し切れない詳しい事情，即ち，彼女の冷やかな態度を見てすっかり気をおとし，ひどく悲観してしまったという，もし文章にして表現するとすれば相当複雑な構造をもった堂々たる副文章にまでも発展するほどの内容が，換称代名詞そのものによって簡潔に表現されています。その他，der Überraschte といえば，「不意を襲われたかれは……」の意になり，dem erlöst Aufblickenden といえば「ほっとして眼をあげたこの男に……」となり，die in Tränen Ausbrechende といえば「わっと泣き出した彼女を」となるなど，その場合その場合の特殊事情がこの「換称代名詞」という構造の中へ取り入れられます。従って，形や構造は種々様々ですが，とにかく「定冠詞」を伴うという条件だけは覚えておく必要がありましょう。

備考　かくのごとく，換称代名詞なら換称代名詞という型がみとめられてしまうと，その型に便乗して，可能なことは一応すべて試みることになるというのが言語の世界の実状ですが，そうした活用は，「戯称代名詞」，「蔑称代名詞」という面白い現象となって現われます。「こやつ」を der Bursche といったり，「野郎」を das Luder といったり，「こういう変なこと」を den Rummel といったりするのがそれです。こういう語を一通り研究すると面白いのですが，初歩のワクをはみ出ることになるので残念ながら割愛します。

【『ドイツ語冠詞（文法シリーズ 7）』，28-29, 30-31, 33-34 ページ，直下線と太字関口，波下線佐藤】

「換称代名詞」,「戯称代名詞」,「蔑称代名詞」については,『冠詞』, 第一巻, 第一篇「指示力なき指示詞としての定冠詞」, 第八章「換称代名詞」, 第九章「戯称代名詞と蔑称代名詞」で詳しく論じられている。

⑦ 言[げん]と語

関口は,「語」と「言［げん］」を明確に区別する。「言［げん］」とは「文」のことである。

劈頭第一に問題になってくるのは, 形式文法的に云って「一つの単語」（たとえば Altersschwäche という名詞）と「一つの文章」（たとえば Kant starb an Altersschwäche）との間の区別, 意味形態論的に表現するならば「語」と「言」との区別である。

............（中略）......

語と言とは区別しなければならない。たとえば ja という語は, さしずめのところはもちろん一つの語であるが, Sprechen Sie deutsch? と訊かれた時の返事としての Ja は言である。なぜとなればそれは Ich spreche deutsch と同じだからである。Feuer geben（発砲する）という句における Feuer という語は, これはもちろん「語」である。けれども Feuer!（撃て）という号令は「言」である。Gestern war Feuer（昨日火事があった）における Feuer は語であるが, Feuer!（火事だ）は「言」である。Hier findet man wenig Platz（ここは手狭だ）における Platz は「語」であるが, Platz!（さあ, どいたどいた）は「言」である。......

............（中略）......

すると, また元の例にかえって, 死因という欄に Altersschwäche と書い

てあるのも，これは語ではなくて「言」である。また身元しらべの書式に
種々の欄があって，そこへ記入する語句，たとえば Geburtsort: の所へ書
き入れる地名，Name: の所へ書き入れる人名，Staatsangehörigkeit: に対
して記載する Japaner の一語，Beruf: に対して答える Maler の一語，
Bekenntnis（宗教）: に対して答える Buddhist の一語もまたそれぞれ「言」
である。

さらに云うならば Oskar geht ins Kino という際の Oskar は「語」であるが，
Oskar! と呼ぶとすれば，これは「言」である。また Heute haben wir
einen guten Tag gehabt と云うとすれば，この guten Tag は語であるが
Guten Tag, sagte er においては「言」である。──「言」として用いる名
詞は，原則として無冠詞であるところにも注目しよう。

......（中略）......

**備考（2）言語を達意現象として考える場合の絶対単位としての「言」に
ついて**：「語」と「言」とを区別してみるというと，ついでに，そもそも「言」
とは何ぞや，という最も根本的な問題にも直面しないわけにいかない。（此
の場合特に注目を要するのは，「語」と「文章」とを対立せしめて考える形式文
法的な考え方と，「語」と「言」とを対立せしめる意味形態論的な考え方との間
の本質的な相異である。）此の問題を詳しく論ずるのは，本書の枠内では不
適当であるが，暗示的な見解だけは附記しておいた方がよいであろう。

形式文法は，まず個々の「語」を与えられたものとして考え，次に，語と
語が結合して「文章」を構成するかのごとくに言語を眺めてゆく。「太初
にことば（Wort）ありき」ではなくて「太初に数多くの単語（Wörter）あ
りき」というわけである。露骨にいうならば，まず第一に辞書，その次に
文法書というわけである。またその文法書すらも，前半は語論，後段が文
章論となっている。結論として，形式文法は「語」をもって言語の絶対単
位と心得ているかのごとくである。まさか本当にそう心得ているわけでも
あるまいが，そう心得ている「かのごとく」にすべての現象を扱っていく。
（この扱い方は，初学者にむかって外国語の手ほどきをする際には非常に適当で
ある，如何となれば，初学者から見るというと，最初に与えられるのはすべて
単語であり，その次にやっと，それらの単語が二つ三つと結合して意味を成し

てゆくところを見せられるわけであるから，これを指導する文法書の方でも，そうした発展に足並みを合せた考え方をして見せることが必要になってくる。けれども，「学」としての文法までがそんな方法で物を考えるのは，どんなものかと思われる。）

言語を外国語の入門書としては考えず，むしろ人脳と人脳との間の達意現象として考える意味形態論の立場から眺めるならば，最初に与えられた絶対単位とも称すべきものは「言」であって，「語」ではない。人脳から人脳へと意が通じ，心が伝わり，用事がわかり，合点が閃めき，諒解が成立するのは，すべて「言」を自主自足的絶対単位としてであって，「語」とは直接には何の関係もない現象なのである。

本当は「言」学者と呼ばれなければならない者が「語」学者という名前を頂戴してしまったり，本当は「言」法でなければならないはずの分野が「文」法ということになってしまったりしたのは，これがつまり前述の形式文法的思惟から生じた当然の結論である。意味形態論は，文法をもう少し言法らしく，語学者をもう少し言学者らしくするための一つの試みである。

備考（3）「言」として考えられた「文章」の分解・結合は，当然「言形」（Redeform：形式文法の所謂 verbum finitum「定形」）を中心として行われなければならない：定形動詞のことを一名 Redeform（言形）というのは，別に筆者の発明ではなく，たとえば Sanders や Paul などの既に用いている語である。これは，どの辺まで意識して作られた用語であるかは知らないが，肯綮に中った用語である。「文章」が意味形態的には「言」（Rede）であるという定理は，文章論，殊に文章の形式文法的分解と語の結合とを論ずる場合の方式にも，若干の改革をもたらして好いと考える。即ち，文章の形式的中心（基礎と云っても好い）は，或る種の伝統の形式文法において説かれているごとく，たとえば「主語」などではなくて，「定形」でなければならないはずである。

もっとも，此の主張は，言から出立する場合の「拡充解釈」という現象と，語から出立する場合の「規定」という語理現象とを根本的に説明するのでなければ，納得を要求することは無理かも知れない。

【『冠詞』，第三巻「無冠詞篇」，第一章「掲称序論」，22-23, 24-25 ページ，太字関口，波下線佐藤】

/////////////////////////////////////

次の引用には，「掲称」，「合言葉」，「語局」という，関口独自の術語が出てくる。これらについては，本巻第二部「⑬ **伝達的呼称：『定例的異変』の無冠詞**」の最初の「囲み説明」（151-152 ページ）を参照されたい。ここでは，「言（げん）」が「事」であることに注目したい。

掲称的語局とは何か？　掲称的語局とは，あらゆる種類の名詞をつかまえて，其の場合其の場合の合言葉と化する力を持った語局である。合言葉とは何か？　合言葉とは，一語を以て滔々数万言に代えることである。換言するならば，語の如くにして語にあらず，実は「言」である。「言」とは何ぞや？　「言」（こと）は「事」（こと）である。然りとすれば，掲称的語局というのは，外形的には「語」局であっても，達意眼目の上では，その「語」なるものは実は「言」であり「事」でなければならぬはずのものである。

【同所，74 ページ，波下線佐藤】

⑧ 展張（**Erstreckung**）
― 展張方向の **in**，展張範囲の四格 ―

「展張」という「考え方」（意味形態）は，（佐藤が関口の著作，および「文例集」を調べた限りでは）『冠詞』において初めて現れる。しかしそこには，「展張」

展張（Erstreckung）という空間・時間・抽象意味形態は，文法全般に亘る広汎な整理見地（Ordnungsprinzip）の一つである。此処では単に展張方向と展張限度のみを in を中心に取り扱うにすぎないが，以上の例［注：「終止点を考えぬ展張方向の in」の in die Höhe, in die Breite など］によっても，方向の表現は直ちにまた「**展張範囲**」（即ち「全長」）**の四格**という現象とも関係してくることがわかる。そもそも四絡という形の用法の過半は空間的，時間的，量的な「展張範囲の四格」であって，展張という範疇を用いずしては「四格」という現象の合理的な整理は不可能である。

【『冠詞』，第一巻「定冠詞篇」，第三篇「形式的定冠詞」，第八章「指向性前置詞と温存定冠詞」，1010 ページ，太字関口，角カッコ補足と波下線佐藤】

/////////////////////////////////////

激突急停止の in

「展張方向の in」には諸種の亜型［＝下位分類］があるが，その全域を暗示するために，試みに先ず出立点となる普通の in と，概念的に其の真向の反対である特殊な in とを挙げてみる。たとえば「剣が胸にグサリと刺さる」ということを Das Schwert dringt in die Brust というのは，これは普通の in の考え方で，別に何の不思議もない。ところが「自刃する」ということを sich ins Schwert stürzen, sich in sein Schwert werfen と云うのはどうであろう？　倒れて鎌が足にささったりなどするのを in eine Sense fallen と云うのはどうであろう？　「中へ」という以上は，小さなものが大きなものの中へ入るのでなければならないのに，これらの場合に

おいては，逆に大きな物が小さな細いものの中へ入り込むという，in の
概念から見て甚だ辻褄の合わない空間関係思惟が要求されてはいないだろ
うか？

......（中略）......

Wenn Ajax <u>in sein Schwert</u> <u>fällt</u>, so ist es die Last seines Körpers, die ihm den
letzten Dienst erweiset. *(Goethe: Aus meinem Leben)*
Ajax は剣に身を刺して自刃したが，その際かれの介錯役を承わるのはとりもなお
さず彼の体の重量である。

Ich werfe mich <u>ins Schwert</u>! *(Grabbe: Marius und Sulla)*
余は自刃するぞ。

Er hätte den Bauern Hühner stehlen wollen und wäre erwischt. Auf der Flucht
wäre Er <u>in eine Sense gefallen</u>, davon käme das kurze Bein. *(Iffland: Die Jäger)*
君は，なんでも，農家から鶏を盗み取ろうとして，つかまったというではないか。
そして，逃げる最中，倒れて鎌で怪我をし，そのために一方の足がびっこなのだ
と人は云っているぞ。

Tot <u>fiel</u> sie <u>ins Küchenmesser</u>, / Fritzchen war ihr letzter Hauch. *(Wilhelm Busch)*
こけたら庖丁が刺ァさった，/ Fritzchen! と云ったまま死んじゃった。

Sie stieß einen Schrei aus. „Kennst mich nicht? Kennst mich nicht einmal! Ich ——
ich hab dich auf dem Fleck erkannt, Wilhelm Schmieder, und die Narbe hat's mir
dann bestätigt, die Narbe von damals, weißt du, als du mich an dich rissest und ich
mit dir rang —— Du <u>fielst</u> <u>in eine Schere</u> —— *(Luise Westkirch: Aus dem Hexenkessel
der Zeit)*
彼女は思わず頓狂な声を出して叫んだ。「誰だかわからない？じゃあ顔を忘れ
ちゃったの？ —— わたしは覚えているわよ，わたしは 一目見るなり Wilhelm
Schmieder さんだとわかったわ！傷跡を見て，やっぱりそうだと思った。ほら，
あんたがあたしを引っ張り寄せようとしたら私があばれて云うことを聞かなかっ
たことがあるでしょう —— あの時あんたが倒れて鋏で怪我した傷跡をさ ——

in の合理的な空間的な考え方のみを念頭に置いて，斯くの如き特殊な用
法に接すると，そもそも此の「<u>展張方向の in</u>」という一般的な意味形態
を把捉しないうちは，全然「なぜ in と四格を用いるか」という点が理解
されないにちがいない。即ち，此処では，まるで大きなものが小さなもの

「の中へ」突入するように思われるからである。けれども，この「……の中へ突入する」という考え方は，この様な場合には適しない。「突入」の「入」を捨てて「突」を採った考え方が即ち展張方向の in である。……（中略）……これら凡ての in の用法は，何等かの意味で，「外部とか内部とか」いう考え方を離れた，ただ単に「方向」のみを念頭においた，そして同時に何等かの「勢い」を表現せんとする意図を示している。但しその勢いが，名詞によって示された物体に激突して急停止するというのは，これらの亜型のみに共通な特殊相であって，「展張方向の in」という広い意味形態にあっては，ただ「方向」と「勢い」の二つの Momente のみがその本質である。

【同所，1002-1004 ページ，直下線関口，角カッコ補足と波下線佐藤】

//////////////////////////////////////

終止点を考えぬ展張方向の in
以上に述べた特殊形態における in の考え方［注：直前に引用した「激突急停止の in」を指す］から，ただその「方向」と「勢」のみを採って，急停止の点を捨てて考えたならば，どんな形態が生ずるかというと，これが即ち元来の意味に於ける展張方向（運動方向，成長方向，拡大方向，傾向，その他）の in である。展張（sich erstrecken, sich ausdehnen）という概念は単に一つの特殊な場合にすぎないが，此の形態全部に対して最も代表的な動作形態であるから，これを基礎にして考えればよい。たとえば：

> Die Zeit erstreckt sich sowohl in die Vergangenheit als auch in die Zukunft.
> 時間は過去の方に向かって延びていると同時にまた未来の方にむかっても無限である。

といったような場合，此の場合にどうして in を用いるかということは，ドイツ語の語感のある者にとっては何でもない問題であるが，そうでない者にとっては必ずしもわかり切ったことと前提するわけにはいくまい。また，此の場合の in die Vergangenheit, in die Zukunft の定冠詞は，明らかに「遍在通念の定冠詞」であるが，この型の慣用的副詞句 in die Ferne, in die Weite, in die Nähe, in die Höhe, in die Tiefe, in die Länge, in die Breite, in die Enge, in die Quere, in die Runde, in die Schräge 等になると，その定冠詞（大部分が女性）は必ずしも遍在通念の定冠詞では説明し切れぬところがある。これらの場合は結局すべて，<u>運動</u>，<u>成長</u>，<u>拡大</u>，<u>傾向等の動作の展張して行く方向を示しつつ，しかも其の停止する点を明らかに示さないためには，</u>できるだけ「四格」という形に念を入れる必要があるから語感が遍在通念の定冠詞を温存することに決定したものに外ならない。……

Die Kurve der Lebensmittelpreise <u>geht</u> steil <u>in die Höhe</u>. *(Z.)*
食料品の価格曲線ははね上る。

Ich schweifte mit meinem Blick <u>in die Runde</u>. *(Goethe: Italienische R.)*
わたしは彼方此方と周囲を見渡した。

Das Gesicht des Oberförsters zog sich <u>in die Länge</u>. *(M. v. Ebner-Eschenbach: Die Resel)*
林野局長さんの顔は見る見るたてに長くなった。

Lies viel, nicht vielerlei, d. h. mehr <u>in die Tiefe</u> als <u>in die Breite</u>. *(Z.)*
多く読め，多くの物を読むな，というのはつまり，広く読むよりはむしろ深く読めということである。

［注：文例はこのほか九つあがっている］

【同所，1007-1008 ページ，直下線関口，角カッコ補足と波下線佐藤】

関口はこれに続いて，「展張方向の in」の下位分類である「趨向の in」（＝「傾向の in」）と「経過遷延の in」，さらに「展張方向の auf」，「展張限度の [bis] in」，「展張限度の [bis] auf」，「展張限度の an」について詳述していく（『冠詞』，第一巻，第三篇「形式的定冠詞」，第八章「指向性前置詞と温存定冠詞」，1011-1063 ページ）。これらの意味形態と前置詞の用法について詳しくは，本書第2巻（佐藤編・解説『関口存男　前置詞辞典と文例集』）を参照されたい。

展張範囲

...... 以上の例［注：本引用すぐ上の「**終止点を考えない展張方向の** in」の in die Höhe, in die Breite などを指す］によっても，方向の表現は直ちにまた「**展張範囲**」（即ち「**全長**」）**の四格**という現象とも関係してくることがわかる。<u>そもそも四格という形の用法の過半は空間的，時間的，量的な「展張範囲の四格」であって，展張という範疇を用いずしては「四格」という現象の合理的な整理は不可能である。</u>—— たとえば前例中の die Breite und die Länge は，文法家は単に Akkusativ des Raums, Akkusativ der räumlichen Erstreckung などと呼んでいるが，このような用法は現今ではもはや稀であるが，その代り，her, hinauf, hinab, auf und ab 等の運動方向を暗示する語と共に用いる「展張範囲を意味する名詞」は普通の現象である：Wer kommt dort <u>die Straße</u> her? Er fuhr den Amazonas hinauf. Er ging <u>die Stube</u> <u>auf und ab</u>. Er warf ihn <u>die Treppe</u> hinunter.　時間概念の四格も大部分が展張範囲の表現である。

【同所，1010 ページ，直下線関口，最初の太字「展張範囲」と角カッコ補足および波下線佐藤】

　　„Und die Beiden", sagte Kai Jans, „die ertrunken sind? Sie treiben nun in der See, <u>Welle auf, Welle ab</u>, zwei junge Menschen?" *(G. Frenssen: Hilligenlei)*
「そしてその二人は？」と Kai Jans は云った，「溺れて死んだ二人は？波のまにまに，ただ大海原を漂うているきり？そんなに若くて死んでしまって？」

　　　　　　　　　　...... （中略）......

まず，頭っから間違いないことは，Welle は四格であって，一格ではない。Welle だけではない，Hügel auf, Hügel ab と云っても Hügel は四格である。

それは die Treppe hinauf といえば die Treppe が四格であるのと同じわけである。男性名詞になれば <u>den</u> Hügel hinauf となって，なおはっきりするであろう。hinauf や hinunter や entlang や，weiter や，voraus や，その他<u>「展張範囲」の規定を必要とする副詞，副詞的文肢は，その展張範囲を表現する語を四格に要求する</u>。わかり易く云えば，「通過する場所」である。── 要するに，此の項において扱う 〜 aus, 〜 ein にせよ，〜 auf, 〜 ab にせよ，其処に用いられる名詞はすべて四格であって，その四格は「通過する場所」でなければならない。

【『冠詞』，第三巻「無冠詞篇」，第四章「対立的掲称（1），同語の対立」，219 ページ，直下線関口，波下線佐藤】

////////////////////////////////////

四格の量副詞・程度副詞と示格定冠詞

<u>そもそも四格というものには「展張範囲」を表現する機能がある</u>。その最も特徴的な場合は，空間的には例えば <u>-hinauf, -herab, -her</u> 等の<u>展張範囲を表現する四格</u>（Er trug den schweren Koffer <u>die lange Treppe</u> hinauf；Wir fahren <u>den Neckar</u> hinab nach Mannheim；Er spazierte <u>den Bahnsteig auf und ab</u>；Wer kommt dort <u>die Straße her</u>？；Es rieselte mir kalt <u>den Rücken</u> hinunter, *usw.*），あるいは ab- と関係する<u>空間・時間の展張範囲表現の四格目的語</u>（das Revier abpatrouillieren「担当区域を巡邏する」；die Bucht absuchen「入江を端から端まで捜索する」；den nächtlichen Himmel ableuchten「夜天を隈なく探照する」；die Wand abklopfen「壁を隈なく一応叩いてみる」；jemandem den Körper abtasten「或人の身体を隅から隅まで触ってみる」；seine Militärzeit abdienen「徴兵期間を勤めおえる」；seine Strafzeit abarbeiten「刑期を終了する」, *etc.*），その他，形容詞の量規定の四格（einen Monat lang；drei Jahre alt；100 Meter hoch；zwei Klafter tief；drei Pfund schwer；drei Jahre älter als ……）などを考え合せたならば，<u>そもそも四格というものには，時間の長さ，空間の長さ，量の程度，その他とにかく，時間をも空間をも物量をも強弱を</u>

も数をも程度をも，すべてを「展張範囲」（Erstreckungsweite）と見て，劃一的に「を」という考え方で表現することがわかる。日本語では「私は三時間働きました」であるが，印欧語では大抵「私は三時間『を』働きました」と云う。日本語では「私は盛んに働く」というが，西洋語では大抵「私は多く『を』働く」という。（独の viel，英の much，羅の multum，希の πολύ はすべて四格，仏の beaucoup に至っては einen schönen Schlag であり，英の a great deal は einen guten Teil である）否定も同様で，「私はちっとも働かない」を Ich arbeite gar nicht というとすれば，此の nicht は只今でこそ純然たる副詞のように感ぜられているが，語源的には ni + je + etwas すなわち keinen Wicht (!!) なのであるから，もちろん四格である。

【『冠詞』，第一巻「定冠詞篇」，第三篇「形式的定冠詞」，第一章「示格定冠詞 (1)」，637-638 ページ，直下線関口，波下線佐藤】

////////////////////////////////////

…… いったい「処理」や「遂行」という現象は，大抵の場合，その当面の「使命」または「課題」というものと密接に結びついてくる。処理は大抵の場合何等かの与えられた課題の処理であり，遂行は大抵の場合何等かの使命の遂行である。そこで処理遂行の ab- は，処理遂行の相にいかにも相応しく，処理遂行の対象となる当面の関心事は，それがたとえ人間であれ，時間であれ，空間であれ，すべてこれを目的語（四格）として扱うことによって，これが遂行一貫の直接対象であり課題であることを示すという奇風がある。四格（Akkusativ）の用法の過半を占めるのが，或る長さ，或る量の全域を睨んで其の一端から他端に至るまでの全長乃至全量「を」何とかする，という「展張範囲の四格」という広汎な総合意味形態であることを考えれば当然とも云えよう。処理は「始末」であるから，「始」から始まって「末」に至るまでの全域を以て与えられた課題とし，遂行（durch-führen）は終始一貫の一線であるから「始」に始まって「終」に終る全長を以て目標とする。関心の直接対象は，眼の前に横たわる或る長さである。しかも

126

其の長さは胡魔化しの利かぬ劃然たる一端を有すると同時に他端をも有している。此の一端から他端に跨がる全長「を」(Akkusativ!) 或いは全量「を」(Akkusativ!) 或いは処理して「のけ」(ab!) たり遂行して「のけ」(ab!) たりする ......

【『冠詞』, 第二巻「不定冠詞篇」, 第三章「単回遂行動作と独逸語」, 136 ページ, 波下線佐藤】

⑨ 移轍（いてつ）（= 形式上の錯構）

関口は 1952 年, ドイツ語教育月刊誌「基礎ドイツ語」の 4 月号に「移轍（Anakoluth)」という論考を発表している。そこでは以下の項目のもと, 多くの文例とともに「移轍」という文法現象が詳細に説明される:

「許されない移轍」
「許されない移轍と許された移轍との境界は微妙」
「公認された移轍の一例：主文形式から主文形式への移轍」
「移轍を起す主文・副文関係にはやはりその『意味形態』がある」
　　　(1)「...... として ...... ならざるはなし」型
　　　(2)「たとえどんなに ...... でも, ... せぬということはない」
　　　(3)「...... するやいなや直ちに ...... する」
　　　(4)「もう少しのところで ...... するところだった」
　　　(5)「その他の場合」

以下, この語学記事の最初の部分（全体の約 1/4）, および『冠詞』に現れた「移轍」についての説明を引用したい。なお「基礎ドイツ語」に載った論考は,「ドイツ語研究」（三修社）, 第 1 号 (1979) に再録されている (54-76 ページ)。ここでは再録版を参照した。

二十年ほど前の新聞に次のような笑い話がのっていました (Grüne Post, 1932):

„Hast du noch Geschwister, Kleine?"　──　„Nein, ich bin alle Kinder, die wir haben."

「お嬢ちゃんはまだほかにご兄弟がおありですか？」──「いいえ，全部であたし一人きりなの」

けだし名答ですな。さてこの ich bin alle Kinder, die wir haben というトンチンカンな文のトンチンカン性のよってもって来たるところの所以（ゆえん）を，少し野暮ったいが，論理的に分析してみますと，これは次にあげる［A］と［B］の混線です：

　　［A］**Ich bin** das einzige Kind des Hauses.

　　［B］Das sind **alle Kinder, die wir haben**.　（と両親ならいう）

すなわち，子供としては［A］の方で答えるべきであり，両親としては［B］の方で答えるべきなのですが，最初ごく自然に Ich bin ...... といったまではよかったが，**das einzige Kind des Hauses** などという紋切り型はとうてい子供の口にはのぼりません。そこで，いつもこういう場合に大人が口にする［B］の方に継ぎ合わせて間に合わせたというわけです。

いったい小児というものは，大人にいわれる通りの文句をよくおぼえていて，そのままをどこへでもヒョイとはりつけて文章を作るから面白い。この笑い話などは，おそらく実話でしょう。実話といえば昨年の *Reader's Digest* に，五歳の子供にむかって色々な語を与えてその定義を下させた解答がのっていましたが，*a rock*（岩，たいていは，路などに頭を出している石のこと）とは何かという問にたいする答が面白い：*A rock is when you trip on it you should have watched where you were going*（石というのは，けつまずいて転んだら，もっとよく前を見て歩かないからけつまずく物）なんだそうです。この英語も，文法的見地からながめると甚だおかしな英語ですが，そのおかしなところが ...... おかしくて面白いのです。

以上のように，同じ趣旨のことを［A］のようにも［B］のようにも表現できるときに，［A］の前半から［B］の後半へと連結してしまう現象を，仮に「移轍」（Übergleisung）と呼ばせてもらいましょう。これは，けっして特殊な希な現象ではなく，よくいう Sprachdummheiten（舌足らず，言

葉のまちがい）のほとんど全部がこれであり，また，外国語研究者が面白がったり首をひねったりする言語の特癖や畸型（きけい）の九割までがこれなのです。認められた移轍はこれを「文章形態」といい，認められない移轍はこれを「舌足らず」あるいは「文法違反」という …… というも過言ではありません。

…… （中略）……

…… たとえ名ある文豪といえども，たとえば次のような舌足らずは，ちょいちょい …… ではない，かなりたびたび見かけます：

So war er geneigt zu glauben, die wunderliche Aufnahme, welche er gefunden, hänge hiermit **im Zusammenhang**, so daß zum Beispiel …… *(G. Keller: Kleider machen Leute)*
たとえば，かれがこの旅籠に着いたときに妙に歓迎されてしまったという事実にしてからが，やっぱり多少そういうことと関係しているように思えてならなかった。たとえば ……
　　説明：hänge hiermit zusammen から stehe hiermit im Zusammenhang への移轍。（とにかく hängen は一度すればたくさんなので，二度もぶらさがる必要はないわけですからな ……）

Mit der größten Mühe, und **ohne als wenn** es etwas Auffallendes wäre, band er den Fuß wieder fest, legte den Kranken wieder in sein Bett …… *(Tieck: Der Aufruhr in den Cevennen 2)*
苦心に苦心を重ねながら，しかもまるで当たり前のことのように，足をしっかと結び，病犬をふたたび寝床の中にねかせた ……
　　説明：これは犬の看護をしてやるところ。ohne als wenn などというものがないことは，文法から先にドイツ語を学ぶ日本人には割合はっきりしているはずですが，ドイツ人にはあんまりハッキリしていないらしい。文法から先に習ったドイツ語ではなくて，ドイツ語から先に習った文法だからでしょう。ohne etwas Auffallendes daran zu finden から als wenn es nichts Auffallendes wäre への移轍。

Der Lindwurm ist jetzt verendet. Aber Ihr habt noch Eier von ihm im Leibe, deswegen müßt Ihr wieder zu Fuß heimgehen und daheim fleißig Holz sägen, daß es niemand sieht, und nicht mehr essen, als Euch der Hunger ermahnt, damit **die Eier** nicht **ausschlüpfen**: so könnt Ihr ein alter Mann werden. *(J. P. Hebel:*

竜はもう死んでいますが，その卵がまだからだの中に残っているようですから，やっぱり今までどおり歩いてお帰りなさい，そして，人に見られないように，せっせと鋸で木をお挽きなさい。そして，お腹が減らなければ絶対に物を食べないようにして，その卵がかえらないようにしなければだめです。そうすればきっと長生きできます。

> **説明**：いま，この文の翻訳をしながらそう思ったのですが，「お腹が減る」という日本語が既に「お腹が空く」から「お腹の中にはいっているものが減る」への移轍です。……（中略）……ドイツ語でも気圧が下がることを「気圧計が落ちる」（Das Barometer fällt）といったりしますが，「卵がはい出す」とはいいません。これはやはり die Eier nicht ausgebrütet werden（卵が孵化されないように）から die Brut nicht ausschlüpft（幼獣が卵を割ってはい出てこないように）への移轍です。

ROLLER: Wißt ihr auch, daß man uns auskundschaftet?

GRIMM: Daß wir **keinen Augenblick sicher sind, aufgehoben zu werden**?

(Schiller: Die Räuber, I. 2)

ロラー：諸君，知ってるか，足がついたらしいぞ！

グリム：いつポリがふみ込むかわからんというのかね？

> **説明**：aufheben は ausheben と同じで，英の *round up*「大量検挙する」こと。Daß wir keinen Augenblick unserer Freiheit sicher sind から Daß wir jeden Augenblick die Gefahr laufen, aufgehoben zu werden への移轍。

［注：ここまでは導入部と，「許されない移轍」の説明である。「許されない移轍」についての文例は，ここに引いた四つのほかに，六つ挙げられている］

【「移轍（Anakoluth）」，ドイツ語研究（三修社）1（1979），54-59 ページ，太字関口，角カッコ補足と下線佐藤】

//////////////////////////////////

意味上の錯構と形式上の錯構 —— 錯構は，意味上の錯構と形式上の錯構とに二大別することができる。本章で偶然問題になってきた Gesprungener Huf!［ひづめが割れちまったんだよ！］や Mißbrauchte

Amtsgewalt!［職権の濫用だ！］は意味上の錯構であって，此の章で単に錯構という場合にはすべて意味上の錯構のことであると思っていただきたい。

<u>形式上の錯構というのは，文法形態そのものが不合理を露呈していて</u>，それを文字通りに受け取ることすらできない場合である。その大部分はいわゆる Anakoluthie（文法的首尾不一貫）というのに属するが，筆者はこれをむしろ「移轍」と呼びたい。たとえば「それは私のものだ」ということを Das gehört mein という習慣があるが，この不条理な文法構造は，Das gehört mir という形式から Das ist mein という形式へと移轍したものである。

［A］ **Das**　　**gehört**　　mir.

［B］ Das　　　　ist　　　**mein**.

すなわち，原則として言うと，同じ意味のことを云うのに，誰でもさしづめ思いつきそうな A，B の二つの形式が与えられると，その両者の漠然と混淆［こんこう］したようなどっちつかずの錯構が生じてしまうということは誰でも考えそうなことであるが，<u>実際的にはそんな複雑な混合形式は生れず，もっと話は簡単で</u>，要するに Das gehört mein の型でわかるごとく，<u>かならず A 型の前半部から B 型の後半部へと移轍するのである</u>。文法形式の不合理，言い間違え，は申すに及ばず，人が普通は不合理としては感じていない（その語を外国語として学ぶ者，あるいは其の語を学問的研究の対象とする者にしてはじめて其処に合理性の異常を発見する）といったような多くの既成形式は，煎じつめれば，ほとんど全部が移轍という現象である。

要するに，形式上の錯構はそれ自体の中に純文法形態的に不合理な，筋の通らない，いわゆる木に竹をついだようなところを持っているが，意味上の錯構は，おかしな点は意味の方に生ずるのであって，外見の方は堂々と筋道の通った，首尾一貫した合理的構造であるのをもって特徴とする。Gesprungener Huf は「干割れの来た蹄」であって，場合によってはそうも言いそうな立派な合理的構造であり，文法上の誤として指摘し得る点はどこにもない。ただ，「馬がびっこをひいてるぜ！」と云われた場合の答

えとして「干割れの来た蹄さ！」は日本語ではどうもおかしい，それでは意味がとんちんかんになる，というだけの話である。

約言すれば，形式にとんちんかんのあるのが移轍，あるいは形式上の錯構，意味にとんちんかんのあるのが意味上の錯構，ということになる。

【『冠詞』，第三巻「無冠詞篇」，第十一章「錯構」，538 ページ，太字関口，角カッコ補足と波下線佐藤】

(本節のテーマである「移轍」からは離れるが)「意味上の錯構」について，関口は次のようにも説明している：「その文法形態から出立してさしずめ直ぐに考えられる通りの自然な意味関係が意図された意味関係ではない場合」(『冠詞』，第三巻，536 ページ)。なお佐藤は，本巻第一部「② **人類共通の意味形態**」で，「意味上の錯構」について簡単な説明を試みた (28-29 ページ)。

関口は本節 (「移轍」) の最後の引用に続いて，「意味上の錯構は，詳細の検討や文例は省くにしても，—— いかんとなれば，本当は比較言語学的註釈が此の問題にかぎって断然物を言うのである —— その関係方面だけは点描しておいた方が好いように思う」と述べて，「意味上の錯構」の要点を 50 ページに渡り説明している (参照：『冠詞』，第三巻，538-590 ページ)。以下は，関口がこの「関係方面を点描」する際の項目名である：

    (1) 従属文の濫用による錯構

    (2) 第二の並立句を従属句で表現する錯構

    (3) 文肢の濫用による錯構

    (4) 冠置詞の濫用による錯構

    (5) 関係文の濫用による錯構

    (6) 附置規定の濫用による錯構

⑩「合言葉」は挙げる，「判定」は下す

たとえば，天気はどんな塩梅かと思って，窓を開けて表の様子を眺めた瞬間に身を置き移してみよう。見れば表は上天気である。すると，この「表は上天気だ」ということを表現するのに，二つの方法が考えられる。一つは，Draußen ist ein schönes Wetter! 或いは略して Ein schönes Wetter! という方法であり，他の一つは，冠詞を省いて Draußen ist schönes Wetter! 或いは略して Schönes Wetter! という方法である。この二つは，どういう風にちがうか？

Ein schönes Wetter の方は，ein という不定冠詞の「質の含み」のために，schön という形容詞が達意の眼目に立つことになる。「上天気」というよりはむしろどちらかと云うと「非常に好い天気」という意味になる。Ein schönes Wetter は，言わば天気に対して下された「判定」である。——この「判定」ということばに注目していただきたい。

Schönes Wetter の方は，これだけで用いるにせよ，文をなして Draußen ist schönes Wetter という形で用いるにせよ，これはちょうど日本語の「上天気」，「晴」と同じような「合言葉」である。なぜ合言葉かというと，「上天気」と一言云えばそれで万事が合点され，それですべての問題が簡単に片づいてしまうような事情が人間世界の一角には存在するので，そうした便利なことばのことをつまり合言葉というのである。合言葉は，泥坊仲間だけにあるわけではなく，一般人間仲間にも相当あるわけで，それを丹念に収録した書物を名づけて辞典と言うのである。

では「判定」と「合言葉」とはどういうふうに違うか？

判定は「下された何物か」である。合言葉は「挙げられた何物か」である。

「下す」のと「あげる」のとでは方向が逆である（これは決して言葉の遊戯ではない！）。「判定を下す」というのは，思惟と理性の高所から現実の一局面にむかって，なにか打ってつけの一語を「くだす」ことである。「合言葉をあげる」というのは，暗い混沌たる語彙の深みから，なにか其の時に打ってつけの有効な一語をつまみ出してきて，それを現実の水面にポカ

リと浮かび上らせることである。

【『冠詞』，第三巻「無冠詞篇」，第八章「挙示的掲称 (1)」，394-395 ページ，直下線関口，波下線佐藤】

//////////////////////////////////

Ich bin ein Japaner と Ich bin Japaner との間にも，これまた「下された判断」と「挙げられた合言葉」との区別がある。Japaner, Franzose, Maler, Stenotypistin 等は資格の判断ではなくて，人間界の合言葉（Losung）なのである。それに反してたとえば Dummkopf や Idiot や Heiliger や Menschenfreund は「下された判断」であって「挙げられた合言葉」であることはマア稀と見てよかろうから，述語として用いるときにはまず大抵不定冠詞をつけるのが常識である：Du bist ein Dummkopf! Er ist ein Menschenfreund.

【『冠詞』，第三巻「無冠詞篇」，第九章「挙示的掲称 (2)，挙示的掲称の述語（一般)」，425 ページ，波下線佐藤】

⑪ 現象の自主自足性とその承認
― 循環話法（再帰話法：再帰述語文，再帰物主冠詞）―

「循環話法」，「再帰話法」という「人間の考え方」，つまり「現象の自主自足性とその承認」という「考え方」，そして「それを表現する文法形態」について，関口は『冠詞』第一巻と第三巻において詳しい説明を行っている。特に，この「考え方」が日本語では「あきらめ」という色彩とともに口にされるのに対し，ドイツ語ではこれを「積極的に肯定し，主張し，要求し，面白く思う」という

指摘は，関口の面目躍如たるところと思う。以下，引用が<u>少々長く</u>なるが，関口の緻密な論理の展開に注目されたい。

再帰物主冠詞という現象について

…… 身体諸部を以てする動作の表現は，原則として身体諸部に定冠詞をつけるが，然しまた物主冠詞を用いて <u>seine</u> Ohren spitzen, <u>seine</u> Augen schließen, <u>seinen</u> Mund aufsperren, <u>sein</u> Kinn streicheln などとも云うことができる（英語はこの方が常則である）。これらの物主冠詞は，ほとんど無意味なこともあるが，しかしまた或種の場合には特殊の意味形態を認める必要が起ってくるので，これを<u>再帰物主冠詞</u>と呼ぶことにする。

【『冠詞』，第一巻「定冠詞篇」，第一篇「指示力なき指示詞としての定冠詞」，第五章「文内に所属間接規定ある場合」，236ページ，直下線関口，波下線佐藤】

再帰物主冠詞はある種の場合には全く無意義で，ただ機械的につけるに過ぎない。即ち，意義の薄れてしまった定冠詞の場合と同じく，これまた意義の薄れてしまった物主冠詞であって，別に所属の表現ではない。ところが，或種の場合には，<u>その薄れ行く意義のうちに，とりもなおさず所有の意義が薄れ行くという事態そのものによって輝きはじめる第二の意義</u>が認められはじめるのである。

再帰物主形容詞［= 再帰物主冠詞］**は現象の自主自足性に対する「承認」の感情評価詞である**：たとえば，「あの男は，なんと云うんだか，時々変なことを考え出す」ということを Er hat so <u>seine</u> Grillen（<u>かれはかれの奇</u>想を持つ）と云う。此の seine には，或種の妥当さがあって，この場合にはどうしてもあった方がよいという感じがする。即ち，もし Er hat Grillen と云うとすれば，それは単に彼という男が時々変なことを考えるという<u>客観的事実の報告</u>にすぎず，いわば Das Dreieck hat drei Seiten という幾何学の定義と同一の意味形態である。それに反して Er hat seine Grillen と云うと，「あれはあんな男なんだ」という，<u>個性という自主自足の現象</u>を頭っから「認めてしまった」態度が読み取れる。（個性，宿命，習慣，理法，現実，風潮，道理，関係，<u>不文律</u>，惰性，<u>その他機械的に取り運ぶ現象はすべて自主自足的現象である</u>）—— もし，医者が患者の病状を述べるのであっ

たら，医者は患者の個性を承認したりするのはおかしいから，Er hat Grillen と書くべきであろう。Er hat seine Grillen などと書くと，患者によっては感情を損ねないとも限らない。幾何学にしても，何等の感情評価をも混えないで，教科書の定義のように書くには必ず Das Dreieck hat drei Seiten というべきである。しかし，学習者がそれを充分のみ込んでしまった頃，既知の心理に便乗して da ja das Dreieck nun einmal seine drei Seiten hat「三角という以上はどうもやはり三辺がつきものなので……」などと云うのは適当であろう。如何となれば三角形が三辺を持つということは，自主自足の客観現象であるから，如何に無感情な数学者といえども，人間たる以上は，たまにその自主自足性を感情評価したくなるのは当然である。

[注：この段落の太字見出しにある「再帰**物主形容詞**」とは，「再帰**物主冠詞**」のことである。関口は「物主冠詞」を「物主形容詞」と呼ぶことがある]

数で見積る際によく再帰物主冠詞が用いられるのは著名な現象で，たとえば Das Haus ist seine drei Millionen DM wert とか Die Mauer ist ihre vier Meter hoch とか云うが，これらは決して何の感情評価をも混えない報告や解答には用いない。たとえば，商店で，売子が客に向かって値段を教える時に Dies da kostet nur seine 50 DM などとは絶対に云うまい。これは Dies da kostet nur 50 DM である。けれども，「これでも五十マルクかかりましたよ」といったような時には Dies da hat mich seine 50 DM gekostet と云ってさしつかえない。何故というに，物の値段というものは，社会人にとっては端倪［たんげい］すべからざる自主自足性の客観現象で，それ独自の法則によって動いて行く妙なところがあるから，現実の何者なるかを知るものは，すべて「物価は物価だ」という宿命観でこれを頭っから「認め」，また人にも「認めさせる」ような言い方をするものである。自主自足の現象は必ず多少宿命的な見方を要求する。

その他，前出のすべてに共通な意味形態は，要するに自主自足的な何物かを，自主自足的な何物かとして「認める」という感情が，主語と，主語を指す物主冠詞によって表現されるのである。客観的には「**自主自足の現象**」，主観的には「**承認**」── これが再帰物主冠詞の意味形態である。

現象の自主自足性は（再帰述語）「循環話法」によって表現され，「再帰話法」はその一種にすぎない：ちょうど自給自足経済においては己自身の生産したものが何等かの形で再び己自身の口に帰るという自己内の循環運動が行われると同じように，自主自足の現象も亦何等かの形で，一概念から出た運動が，出ると同時にすぐ其の同一概念へと復帰するという循環話法で表現するのが最も適当である。循環話法の最も一般的な形式は，主語と述語とに同一語を用いる再帰述語文である：「過ぎたことは過ぎたことだ」（Hin ist hin；Vergangen ist vergangen），「ビジネスはビジネスだ」（Geschäft ist Geschäft），「日本は日本だ」（Japan ist Japan）―― 再帰物主冠詞もまたその一亜種にすぎない：「日本には日本の好い点がある」（Japan hat seine Vorzüge），「子供にも子供の苦労がある」（Auch Kinder haben ihre Sorgen），「あの人にはあの人なりの取り柄がある」（Er hat seine Tugenden），「それにはその時がある」（Alles hat seine Zeit），「来るべき時が来なければ解決しない」（Alles hat seine Zeit）等々。

此の語法には，日本語にない用い場所があって，たとえば「いくらなんでもそれはひどすぎる！」ということを Zu viel ist zu viel! と云ったり，「どちらかと云えば安心なのに越したことはない」というのを Sicher ist sicher と云ったりする，また：

> „Die Radargeräte sind zwar o. k., aber Sehen ist Sehen." *(K. A. Schenzinger: Atom)*
> 「レーダー装置は好調なんだが，しかし眼で見えるなら眼で見るに越したことはない。」

などという。これは Radargeräte sind Radargeräte, aber Sehen ist Sehen と考えればわかる。つまり，こうした句は Gut ist gut, aber besser ist besser などと対応する二句から成ることが多いので，前半部を省いて，本来の主張の重心のある後半部だけを独立して用いるために，日本語の習慣とはやや離隔するごとく見えるのである。

こうした A ist A, aber B ist B 或いは A ist A, und B ist B という形式は，何等かの自主自足性の承認としてはじめて意味を成すのであって，A には A の自主自足性があり，B には B の自主自足性がある，そして両者の間

137

には何の関係もない，各々を独自の現象として認めようではないか，それ以上の詮索はするだけ野暮である ...... といったような，<u>理智の敗北，諦観的宿命論が現れている</u>。......

再帰話法の大部分はすべて「それ自身まとまった」（in sich geschlossen），「自主自足の」（für sich seiend）動作の表現に用いられる（そもそも「自」主とか「自足」とか sich selbst genügend その他，現象の形容そのものからして，何等かの形で再帰的に，或いは循環論法的な形を採る以外の方法では行われ得ないところを見ても「自主自足性」なるものの循環必然性は納得されるであろう）。── たとえば，<u>三格の再帰代名詞を伴う或種の動詞は，こうした「動作の自主自足性を表現する」という意味形態に気がつかなければ，他の方法ではおそらく説明できまい</u>。Ich liebe mir das Landleben「私は田舎の生活が好きだ」等において，この mir を sich etwas lieben という再帰動詞と考えようと，或いは mir das を mein の換言と考えようと（<u>文法的範疇の解釈法は意味形態とは直接何の関係もない</u>），いずれにせよ lieben という動作にどうして mir が必要であるかということは，「<u>人が何と云っても自分は自分だ（循環語法）</u>」という自主自足状態ならびにその承認の表現法と見てはじめて納得されるのである。

備考：現象の自主自足性の承認ということは，東洋人の場合にあっては，「だから仕方がない」という<u>諦観（あきらめ）</u>となって意識の主流をなしてしまった。その顕れが仏教であり，老子の道であり，日本人の順応本能である。西洋人の場合にあっては，「だから事実関係は事実関係として吾人の主観ならびにその無益な喜怒哀楽から引き離して別個のものとして考えたらよいのだ，しかも大いに考えたら好いのだ」という<u>啓観（明らめ）</u>となって意識を打開した。その発露が行動，革進，科学その他諸種の智能犯である。......

再帰物主冠詞を説明するための諸種の方便：意味形態の全貌は「現象の自主自足性とその承認」であるが，哲学的思惟に慣れない人達には，そんな事を云ったところでなかなか分からないから，個々の場合に対しては，その場合だけに都合のよい素人だましの解釈で，片貌を伝えた方が有効である。Sie hat <u>ihre</u> Migräne は，「彼女は<u>いつもの</u>偏頭痛を持つ」，Er trinkt <u>seinen</u> Kaffee は「彼は彼が<u>いつも飲む</u>コーヒーを飲んでいる」といったように，「いつもの」，「例の」，「おきまりの」で片づけてしまうのも一つ

の方法である。また Ich studiere mein Deutsch 等においては，「例の」という以外に，「ドイツ語だけはどうしてもやらなくちゃならないものと思い込んでしまっている」という気持も表現されている，といえば，「自主自足性と其の承認」の片貌は伝えられるであろう。即ち wie es sich so gehört（当然そうなくてはならないように）とか，Es muß ja so sein ; Es ist nicht anders（仕方がない）という気持の表現の場合が実際としては相当多い。但し，解釈し過ぎることは禁物である。たとえば Ich habe meine Freude daran といったような時には，meine は英語の場合と同様，全然機械的なものであるから，其処に何等かの自主自足性やその承認を見ようとするのは，解釈の行きすぎである。……

自主自足性の表現に就いて：「承認」という感情評価は以上のような方法で行われるが，「表現」一般は必ずしもそんな方法には依らず，次の方法で行われる：

    1. 自動詞（自主自足形態の動詞）
    2. 再帰動詞（自主自足形態ならざる動詞の自主自足形態化）
    3. 受動態（同上）
    4. 非人称語法（動詞そのものの自主自足形態化）

【同所，239-242 ページ，太字と直下線関口，角カッコ補足と波下線佐藤】

///

Versprechen ist Versprechen
…… Versprechen ist Versprechen は，Was versprochen ist, ist versprochen または Versprochen ist versprochen という形でも言える。そうすると冠詞の問題とは無関係になるが，しかし，此の種の文に対する意味形態上の問題は，いよいよもって益々謎となってくる。というのは「約束は約束だ」などということは，実際としては誰しも思わず云うことではあるけれども，論理として改めて考え直してみるというと，これはいったい飛んでもない

139

ナンセンスではあるまいか，という反省が一応は擡頭［たいとう］して好いはずだからである。なぜというに，A＝B という際には，此の B には何か A に無かった新たなプラスが含まれていなければ，わざわざそんな事を口にする必要はないわけだからである。

ところが吾人は此の種の truism（此の概念は英語でしか表現できない）をたびたび口にする。これには何かわけがなくてはなるまい。即ち，＝B と云う際，B には，A にない何等かのプラスがなくてはならない筈である。そのプラスとは何か？

これは，既に定冠詞の部でちょっと触れたように［注：本書，本項「⑪ **現象の自主自足性とその承認**」の 135 ページから 139 ページを参照］，この場合だけの問題ではなく，そもそも「再帰話法」（循環論法的な話法）一般に関する問題であって，そのプラスというのは，要するに「現象の自主自足性の再確認」である。この場合の Versprechen ist Versprechen について云うならば，この二度目の Versprechen は「再帰述語」とでも呼ぶべきものであるが，今試みに，こうした再帰述語文の意味するところについて多少の考察を行ってみよう。

この語法に共通な意味は，これをドイツ語で説明するならばわけのないことで，Recht（権利）という概念を用いれば，すぐ誰でも納得するような定義ができる。たとえば Man sagt: „A ist A“, wenn der Begriff A zu seinem Recht kommen soll とか，wenn man den Begriff A bei seinem Recht belassen will とか，wenn dem Begriff A sein Recht werden soll とか，wenn dem Begriff A zu seinem Recht verholfen werden soll とか，wenn der Begriff A trotz allem in seinem Rechte bestehen soll とか，その他とにかく色々な言い廻しが可能であるが，いずれにしても「権利」（Recht）という妙な概念を援用しないではおっつかないところに一つの問題がある。

Recht とは何か？ Recht とは「言い分の正しさ」である。すると，これは元来は人間を主体として用いられるべきはずの語である。「物」や「事」に権利があったりする筈はない。―― ところがドイツ語では，たとえば，「ちょっと好奇心も満足させてやる必要がある」などと云って下らない楽屋落ちを一席やるときには Auch die liebe Neugier muß zu ihrem <u>Recht</u>

kommen と云ったり，あるいは，どんなに気で持っていても「眠い時には眠い」といったような場合には Der müde Körper verlangt sein <u>Recht</u> と云ったりする（これらの再帰物主形容詞の機能も此の問題に関係がある）。つまり，der müde Körper を人間のように見て，権利を侵害されたり蹂躙されたり無視されたりした人間が訴訟でも起こすように見立てて Der müde Körper verlangt sein Recht というわけである。こういう風に，Recht に sein とか ihr とかいった「再帰物主形容詞」が冠せられて用いられると，其処には必ず<u>「事物の自主自足性の再確認」</u>という思惟現象があるので，その関係は直ちにもって A＝A という語法でも表現できることになる。即ち Müdigkeit ist Müdigkeit（疲れは疲れ，これだけはやむを得ない！），Neugier ist Neugier（好奇心は好奇心，これだけは別扱いだ！）

「これだけは別扱いだ」ということを Das ist eine Sache für sich というが，この sich も「再帰」代名詞であるところを以てみると，こうした関係は，いくら言い直してみても，結局は「再帰話法」（或いは循環話法）によってしか表現し得ないものとみえる。「眠い時には何と言ったって眠い」と表現してみても，ここでもやはり同語が二度繰返されることによって，またしても循環話法が採用されたことになってしまう。

Eine Sache für sich（独自の事柄）とは何か？　Eine Welt für sich（独自の世界）というに殆ど近い。すなわち，<u>それ独自の法則によって自律的に動いて行く自主自足的な何物か</u>である。たとえば，肉体の疲労というやつは，吾人の意志如何にかかわらず，それ自体の法則によって自律的に発生したり消滅したりする自主自足的な何物かであって，たとえ如何に「意思の強い」人といえども，この自主自足的な世界に向かって命令したり，況んやこれを己が意志に従属せしめたりすることはできない。ところが，<u>人間の考え方というものは甚だ虫の好いもので，世の中のすべてのことを自己中心に考えるから，自己という自主自足的な中心以外に，そうした多くの自主自足的な事象があって自己に対立していることを</u>（理窟の上では認めるが）<u>気持の上ではなかなか認めようとはしない。そこで，時々「Aは A だ」などと云って，A なら A という事象を其の儼然たる自主自足性に於て再確認せしめる必要が生じてくる。</u>此の必要に応じて生じたのが即ち，広くは循環話法，狭くは即ち只今問題になっている A＝A という語法である。

少しくどくなるかも知れないが，問題の重要性にかんがみ，今少しく同じ所に足踏みしながら，此の語法の意味するところに深く想いを到してみようではないか。如何となれば，<u>言語現象の面白さの九分九厘までは，其処に曝露している「人間の心」と「意識の姿」</u>だからである。あとの一厘が，語尾変化と語源と形式と語形である。……

　　　　　……（中略）……

まず，たとえば「約束は約束だ」というわかり切った文句を口にしなければならない必要の生じる前提としては，当然「約束は約束に非ず」ということが出立点として存在しなければならないという，一見ちょっと奇論的な変なことを考えてみよう。というのは斯ういうわけである。即ち，「約束は約束だ」ということは，まず，「約束なんかどうでも好い」とか「約束約束と云ったって，そんなことをやかましく真面目に相手にするには及ばない」とか，とにかく何かそういった方向に属する考え方に対する抗議であるにちがいない。換言するならば，世には「約束」という儼然たる現象があって，この現象には，吾人人間側の御便宜主義的な考え方や我が儘を以ては如何ともすべからざる「自主自足的」な一側があって，どうにもならないのであるが，そう言えば吾人自身の我が儘な主観にも亦それと同様の自主自足的な世界があって，客観的事実などは要すれば無視して顧みないどころか，黒を白と思いくるめ，1と2の和が4であればいいがと思い，その他都合のいいことを勝手に決めてしまおうとする傾向がある。力強く逞しく生きていくためにはやむを得ない傾向である。けれども，そればかりで押して行くということは甚だ危険で，好い気でそうした一筋路を走っていると，<u>現象の自主自足性が自律的に動き出して，鉄壁となって吾人の行方に立ち塞がり，ゴツンとぶつかって思わぬ大怪我をすることがある</u>。さればこそ人間の考えには Umsicht（慎重）という重要な機能があって，A を目がけながらも傍ら B を眼中から見失わず，承認するのが都合のわるい現象をも亦時として其の自主自足性において再確認するに吝［やぶさ］かなるものではないのである。此の<u>「自主自足性の再確認」</u>のために与えられた最も無邪気な形式，誰が考えてもこれより外に言い方はないとしか思えない最も拙劣にして同時にまた最も巧妙なる形式が，此の<u>再帰述語文</u>という，一見 truism のごとくにして実は然らざる A = A という語法なの

142

である。

上述のような意味において A = A が，A なる現象の自主自足性，すなわち其の本来の面目の再確認であるとするならば，主語たる A の意味する所の A は，何等かの意味において，まだ其の自主自足性において徹底しない A でなければならない。述語たる A が附け加わってはじめて其の本来の面目をとり戻すのでなければならない。というよりはむしろ，主語 A は，さしずめのところ，本来の面目を失ってしまった A，或いは真姿を隠している A である。ひょっとすると A = B ではないかという怖れを抱かせたり，あるいは A = C ではないかという疑いの生ずる A である。いずれにしても A それ自身ではないことはたしかである。人生諸般の事物は，何を取って考えてみても，当面的には，すべて多少「真面目を没却」した何物かであることは Heidegger の説明を待たずして明瞭である。……

日本語に「親を親とも思わぬ……」とか「人を人とも思わぬ……」という面白い云い廻しがあるが，これを応用して言い廻すと，這般の関係がなおのことはっきりする。人間の意識が生きる道を求めて前進して行く様には，浅ましくも逞しき，逞しくも浅ましき何物かがあって，その猪突盲進の勢は，頭っから凡てを舐めてかかっている。親を親とも思わず，約束を約束とも思わず，金を金とも思わず，愛情を愛情とも思わず，仕事を仕事とも思わず，過ぎたことも過ぎたこととは思っていないのである。また，そうした認識不足があればこそ逞しく生きて行かれるのである。

親を親と思い，約束を約束と思い，金を金と思い，汽車を汽車と思い，大根を大根と思い，その他人生諸般の現象について，一つ一つ，A を A と思い，A = A という現象本来の面目を，同時に全部意識したり，深く心に留めたりするなどということは，第一出来もせず，もし出来たとすればそれはもはや生の停止であり，考えの梗塞である。

故に，いやしくも猪突盲進する生きた意識にとっては，人生諸般の現象は，さしずめのところ（zunächst und zumeist と Heidegger は云うが）その現象自身ではないのである。親は，さしずめ，親ではなく，約束は，マアマア約束ではないのである。金は，ほんとうにやかましく言い出せば矢っ張り金であるのかも知れないけれども，そうやかましい事を言わないことにす

れば，マアマア金ではないのである。

<u>物すべてが蕩蕩として［＝穏やかにゆったりとして］其の本義を没却した世界</u> ── これが人間当面の意識である。親は親ではない。約束は約束ではない。そも A は，さしずめのところ，決して A それ自身ではないのである。

【『冠詞』，第三巻「無冠詞篇」，第四章「対立的掲称（1）同語の対立」，224-228 ページ，直下線関口，角カッコ補足と波下線佐藤】

この語法を更に「A を A たらしめておく」（A A sein lassen）というドイツ人のよく用いる言い廻しの側から考え直してみると，その真義が更に一層おもしろく浮かびあがる。たとえば，**Er läßt Versprechen Versprechen sein** といえば，「いったんこうと約束したことは守らなければならないということは充分認める」という風に一応はきこえるが，実はむしろその反対で，「約束は約束として」ということ，即ち Versprechen hin, Versprechen her（約束のなんのと云ったって）ということ，もっとはっきり言えば Versprechen und Versprechen um das dritte Wort!（bei jedem dritten Wort とも云う）「二言目には約束約束！」と反撥して考えるのと同じである。即ち，「Versprechen という現象の自主自足性を承認しておく」という文が，実は「承認しない」すなわち「承認を忌避する」意味になるのである。

これを以て見ても，<u>吾人の日常住する世界が，如何に事物の自主自足性を没却することに於て逞しい奇怪な世界である</u>かがわかるのである。

それと同時に明らかになってきたことは，このような，物みなが蕩蕩として其の本義を没却し去ってしまっていることが直ちに以て其の常態であるところの人間意識に向かって物の本義を説こうとする際には，一見何の進展もない，言わば「足踏み」のような此の「A は A である」という語法こそ，これ即ち最も機宜に適した，但し少し乱暴な，いずれにしても適切有効な語法であると云って好いであろう。

「A は A である」という語法は，これをもっと鋭く言い換えると「A は，それ自身である」となる。この方は，あんまり奇抜すぎて，普通のドイツ

語では使ってはならないが，しかし，たとえば純哲学書などを読む人はしばしば此の語法に接するに違いない：

Doch das Sein —— was ist das Sein? <u>Es ist Es selbst.</u> Dies zu erfahren und zu sagen, muß das künftige Denken lernen. Das „Sein" —— das ist nicht Gott und nicht ein Weltgrund. Das Sein ist weiter denn alles Seiende und ist gleichwohl dem Menschen näher als jedes Seiende, sei dies ein Fels, ein Tier, ein Kunstwerk, eine Maschine, sei es ein Engel oder Gott. (*M. Heidegger: Über den Humanismus*)

ところで，この「ある」だが ——「ある」とはいったい何か？<u>それは，それ自身である。</u>この事を体得し且つ口にすることを今後の思惟は学ばねばなるまい。「ある」—— これは，神でもなし，世界の根底でもない。「ある」は，一切の「ある事物」よりも以上縁遠いものであると同時に，一切の「ある事物」（たとえそれが岩であれ，動物であれ，芸術品であれ，機械であれ，それが天使であれ神であれ）よりも以上に人間には近いものなのである。

Es ist Es selbst などということは，言語の実際から云うと全然意味を成さない無茶苦茶であるかのような感じを与えるかも知れないが，<u>ある現象をほんとうに其の現象の本義に引き戻そうとする場合には，人間界には此の言い方しかない</u>ということがつくづく意識されるのである。

以上は，一般的観察として，さて，こんどは，個々の具体的な場合を見渡すとなると，ドイツ語の場合には多少の特異な事実が見受けられる。只今までは，便宜上，日本語の「A は A だ」とドイツ語の「A ist A」とが完全に同じものであるとして論じて来たが，実際の応用となると，両者の間には多少のひらきが生ずるのである。すなわち，日本語の「A は A だ」は大抵そのままドイツ語にして「A ist A」と言って好いことが多いが，その逆は不可能なことが多い。たとえば，何か非常に無理なことを要求されて，「それはあんまりだ！」と云うときに，ドイツ人は Was zuviel ist, ist zuviel! または Zuviel ist zuviel! と云うが，これを日本語で「あんまりはあんまりだ！」と云っては，ちょっとおかしい。これはむしろ「あまりと云えばあんまりだ」とか「いくらなんでもあんまりだ！」にあたる。……

…… （中略） ……

数多くの場合を念頭に去来せしめながら，日本語をドイツ語で言い，ドイツ語を日本語で言ってみていると，おのずから生じてくる統計的な結論があることに気がつく。それは，此の A = A という表現の達意眼目は，A という現象が其の如何ともすべからざる自主自足性において再確認され承認されなければならない，というところまではドイツ語も日本語も同じ関係にあるが，さてその再確認，その承認が，必ず「あきらめ」(Resignation) の色彩を以て口にされなければならないというところが日本語の伝統であって，ドイツ語の方は，そうではなく，これを積極的に肯定し，主張し，要求し，面白く思い，遂には ……（中略）…… 痛快がって再確認・承認するときにすら用いてよろしいということになる。……

以下にあげる実例において，訳語が必ずしも A = A となっていないのは，以上のようなところから来るものと思っていただきたい。

Der Sammler fragte ihn heftig, ob das letztes Wort sei? welche Frage der Hofschulze bejahte, mit dem Hinzufügen. Handel ist Handel. *(Immermann : Münchhausen)*
集めに来た男は，彼にむかって，「じゃあもうそれ以上一文もまからんか？」と訊いた。おやじは，まからん，と云った。それから附け足して云うには：「取引は取引だからな。」

Was weiß ich, wo sich der Ring eigentlich herschreibt? Während des Krieges hat manches seinen Herrn sehr oft, mit und ohne Vorbewußt des Herrn, verändert. Und Krieg war Krieg. Es werden mehr Ringe aus Sachsen über die Grenze gegangen sein. *(Lessing: Minna von Barnhelm)*
指輪の経路なんて，そんなことがわかるもんですか。戦争中のことですから，どうせ何もかも手から手へ渡ったんです。持主が知って渡ったこともあろうし，知らずに渡ったこともあるでしょう。それが戦争ですよ。ザクセンの国境を越えて姿を消した指輪はこれ一つじゃありませんよ。

Wir haben nicht gerade Beifall geklatscht, als der Chef von seinem Bock stieg und uns bedeutete, daß wir hier für ein paar Tage die Zelte aufschlagen sollten. Aber Befehl ist Befehl. Und man gewöhnt sich an alles. *(Fritz Fröhling: Porträt eines französischen Dorfes, 1941)*
私達の親方が馭者台から降りてきて，此処で数日天幕を張るのだと云ったときには，私達は少し顔が長くなった。しかし，命令は命令だ，どうにもしかたがない。

そんなことはもう慣れっこになっている。

Kauf ist Kauf, Barbar. Hinterdrein daran mäkeln, kleidet keinen rechtlichen Mann. *(Grabbe: Hannibal)*
買ったら買ったんだ，此の野蛮人めが。あとでグズグズ文句を云うなんて，まともな人間のすることじゃないだろう。

Ich tat Euch Sächelchen hinein, / Um eine andere zu gewinnen. / Zwar Kind ist Kind und Spiel ist Spiel. *(Goethe: Faust I)*
あんな娘にゃ勿体ない / 立派なものを入れました。/ なにしろ相手がネンネエで，/ ママゴトみたいなものですけど。

„Hin ist hin! verloren ist verloren!" sprach Piersich. „Die Gänsebraten zur Kirmes müßt ihr euch schon vergehen lassen, und Gott gebe, daß es nur dabei bleibt!" *(Gustav Nieritz: Der Bettelvetter)*
「すんだことはすんだこと，取りかえしのつかないことは何と云ったって取りかえしがつかない！」と Piersich は云った，「お縁日の鵞鳥料理なんてものは，さっぱりと諦めるんだね。それに，これだけですめばまだしも好い方だよ。」

[注：文例はこのほか四つあがっている]

【同所，228-231 ページ，直下線関口，角カッコ補足と波下線佐藤】

各々の事物をそれ独自の権利において認めるのがこの A＝A という語法の特有性であるから，これを二つ並べて A ist A und B ist B というと，「A と B とは別物だ」という意味になり，換言すれば Etwas anderes ist A, wieder etwas anderes ist B その他の語法と同じ意味になる。……

Ost ist Ost und West ist West, und niemals werden sich die beiden begegnen. *(Z.)*
東洋は東洋，西洋は西洋，両者は決して一致しないだろう。

Er legte den Finger an die Nase und sagte: „Halt! Hier dürfte geraten sein, dem Werke noch die letzte Feile zu geben! Wie konnte ich nur diese wichtige Partie so lange aus den Augen setzen! Gut ist gut, aber besser ist besser!" *(Keller: Der Schmied seines Glückes)*
かれは指を鼻にあてて云った：「待った！ここで一つ，最後の磨きをかけよう！そうだ，こういう重要なのが一口あったのに，長い間すっかりぼんやりして気がつかずにいた！結構な話は結構な話にちがいないが，それよりなお更に結構な話

があるとすれば，それに越したことはないからな！」

Es muß hier etwas geschehen, meine Herren. Denn <u>Erwägungen sind Erwägungen</u>,
und <u>Tat ist Tat</u>. *(Z.)*
此の際何か手を打たなければ駄目ですぞ諸君。理窟は理窟，手は手です。

...... （中略）......

...... 同じような趣旨の循環話法は，主文章と副文章との二部分から成る諸
種の語法としても現れる。......（中略）...... Was geschehen ist, ist eben
geschehen すなわち Geschehen ist geschehen というに同じである。また，
たとえば「才能」（Talent, Gabe）というものは人力を以ては如何ともすべ
からざるもので，「持っている者は持っているし，持っていない者は持っ
ていない」（Wer es hat, hat es ; wer es nicht hat, hat es eben nicht）などと云う。
「金」は天下の廻りもので，「有るところには有る，無いところには無い」（Wo
es davon gibt, gibt es davon ; wo es davon nicht gibt, gibt es davon eben nicht）
と云う。

最後に一つ暗示しておきたいのは，「親父も親父じゃないか」とか「そん
なことを言うあなたもあなただ」とかいった，<u>「も」でつなぐ日本語の再
帰述語文</u>であるが，これは筆者の知るところでは，少くとも英独仏にはな
い。もしあったとしたら，早速冠詞用法の系統化上大問題になるところで
あろう。

【同所，232-235 ページ，直下線関口，波下線佐藤】

「現象の自主自足性」，「循環話法」，「再帰話法」については以下も参照されたい：
『冠詞』，第一巻，第一篇「指示力なき指示詞としての定冠詞」，第八章「換称
代名詞」，332-333 ページ；同，第二巻，第五章「述語と不定冠詞」，268 ペー
ジ；『新ドイツ語大講座』，訳読編，115-116 ページ。

---

⑫ 類造 vs. 耳慣れた語像・音像

関口は『冠詞』第一巻において定冠詞の用法を，（1）指示力なき指示詞としての定冠詞，（2）通念の定冠詞，（3）形式的定冠詞の三種類に分類して説明する。「形式的定冠詞」はさらに，「示格定冠詞」と「温存定冠詞」とに分けられる。「示格定冠詞」とは，たとえば des Doktor Luther という場合の des のように，「格を明示する」ための定冠詞であり，「温存定冠詞」は，たとえば um die Wette の die のように，いわば無用とも言いうる定冠詞が，何等かの伝統・慣習・口調その他の考慮から温存されている場合のことである（参照：『冠詞』，第一巻，581 ページ）。関口は，この「温存定冠詞の事実的背景」に，「類造」と「耳慣れた語像・音像」の「拮抗」が存在するとして，以下のように述べる。

温存定冠詞の事実的背景：類造（Analogiebildung）ほど強い力はない。<u>文法を創り出すのも類造の力であり，文法を乱すのも類造の力である</u>（子供が「私はくしゃみした」を Ich nos というなど！）［注：niesen「くしゃみする」は規則動詞であるから，その過去形は nie<u>ste</u> である。しかし該当の子供は，例えば fliegen の過去基本形 fl<u>og</u>，あるいは verbieten の過去基本形 verb<u>ot</u> にならって，niesen, <u>nos</u> としてしまったもの］。── ところが，類造に拮抗するものに「<u>耳慣れた既成の語像・音像を尊重する</u>」という力がある。この方も類造に劣らないほど強い力である。......（中略）...... この，<u>類造の惰性に抗して既成語像を守る</u>ということには，一つの条件がある。それは，<u>その既成語像が，よほど耳に親しい，言わば第一級の使用頻繁率のものでないと，己を護り通すことができない</u>という点である。使用頻度において第二級のものになると，もううっかりすると類造の雪崩に押されて変形していく傾向がある。たとえば，副詞句によくある in ...... の型に例を取ると，in Wahrheit（ほんとうは），in Wirklichkeit（事実は），in Person（みずから，親しく），in Kürze（簡単に），in Frieden（おとなしく）等の無冠詞形が圧倒的に多いにかかわらず，in der Tat（まことに），in der Regel（普通は），in der Hauptsache（大体において）等を見ると，前二者は第一級頻繁率のものであるから，これを in Tat（英仏は現に indeed, en effet）とか in Regel とか云ったり，乃至または言おうと試みたりする語感はまず絶対にないと私は思う。それに反して in der Hauptsache の方は，どちらかとい

うと第二級頻繁率のものであるから，ドイツ人の書くものを統計してみた
ら，百人に一人や二人は，或いは in Hauptsache と言う人が絶対に皆無と
は保証し難いと思う。更に，迂言動詞について見ても，mit jm. in
Verbindung treten, in Beziehung treten, in Verhandlung treten, in
Berührung treten その他 in Tätigkeit treten, in Kraft treten などがすべて
無冠詞形であるにかかわらず，in die Erscheinung treten だけは，今なお
割合に其の伝統的 die を保有しているが，これは何故かと云うと，それは
取りも直さず此の in die Erscheinung treten は，あまりにも頻繁に用いら
れる句だからである。けれども in der Tat, in der Regel, um die Wette ほ
どではないから，現代人の中にはたまに in Erscheinung treten という人
もないではない。ないではないではない，相当多いかも知れない。またこ
の場合は，類造語感があまりにも強大であるためか，in Erscheinung
treten と聞いても，語感はあんまり吃驚［びっくり］しない。してみると，
in der Tat の der よりは，in die Erscheinung treten の die の方が，遥かに
症状の進んだ温存定冠詞であったわけで，いわば解消の寸前にあったのだ，
或いは「あるのだ」ということが云える。これを以て見ると，温存定冠詞
というものには，「安定度」といったようなものがあって，in der Tat の
der の安定度が 90° とすれば，in die Erscheinung treten の die の安定度
は 50° ほどしかなかった，といったような事が云えるわけである。

備考：

1．（**in die Erscheinung treten** の例）

Und um die Jahrhundertwende traten dann diese Verwandlungen des
Zeitbewußtseins deutlich in die Erscheinung. *(Werner Mahrholz: Deutsche
Literatur der Gegenwart)*

すると世紀の変り目あたりになって，こうした時代意識の変遷がはっきりと
顕れてき た。

2．（**in Erscheinung treten** の例）

Von Interesse ist die Sache nicht nur deshalb, weil hier der Intellekt zum
ersten Male objektiv nachweisbar in Erscheinung tritt, sondern noch aus
einem anderen, allgemeinen Grunde. *(Karl Bühler: Abriß der geistigen
Entwicklung des Kindes, 1935)*

この現象が興味深いというのは，単に此の場合智能がはじめて客観的に指摘

可能な形を取って現れるからというだけではなく，他にもう一つ一般的な理由があるのである。

【『冠詞』，第一巻「定冠詞篇」，第三篇「形式的定冠詞」，第三章「温存定冠詞（概論）」，766-767 ページ，直下線関口，角カッコ補足と波下線佐藤】

⑬ 伝達的呼称：「定例的異変」の無冠詞

本節を引用するに先だって，関口の言う「合言葉」と「掲称的語局」という用語を確認しておきたい。

「合言葉」（Stichwort, Losung, Parole）とは，「人間同士がお互いに一言で意志を通じ合うに適したことば，あるいは人間同士が，まるで予めめし合わせていたように，パッと一言の下に理解し合ってアハンとうなずくためのことば」（参照：『冠詞』，第三巻，3 ページ），あるいは「何等かの意味において我々の『行動を規制する力を持った』ことば」（参照：同書，297-298 ページ）である。

「掲称的語局」とは，「前後に引用符を施した，またたとえ施してなくても施したのと同じ位名称を名称として，或いは概念を概念として特に際立たせた語局であって，大抵の場合，無冠詞であるのをもって一特徴とする」（『冠詞』，第一巻，77 ページ）。「合言葉」との関係から言えば，「合言葉はもちろんのこと，たとえ合言葉でない言葉をも，まるで合言葉であるかのように取り扱って見せる語局が掲称的語局である」（同，第三巻，7 ページ）。別な言い方をすれば，「無冠詞形というものに特有な鋭い唐突性によって，すべてを『合言葉』化する傾向を持った語局」（同書，297 ページ）ということになる。

「語局」というのは，関口独特の用語である。「語局」とは，その語が「達意眼目」から見て，前後関係の中で果たしている「役割」と考えてよいと思う（参照：『冠詞』，第一巻，760 ページ；第三巻，24 ページ）。つまり関口は，「語」と「語局」とをはっきりと区別するのであり，例えば次のように述べる：「sofort という『語そのもの』は副詞であるが，per sofort にあっては sofort は名詞的『語

伝達的呼称：Feuer! Mord!　等

要求的呼称と区別しなければならないものに伝達的呼称がある。たとえば「射て！」という Feuer! は要求であるが，「火事だ！」という Feuer! は単に事実の伝達にすぎない。Rache! は大抵復讐を要求する呼号で「口惜しい！」「この分では置かぬぞ！」にあたるが，Verrat! Verräterei! は大抵裏切りの行為が行われたことを伝える呼号で，「してやられた！」にあたる。べつに裏切りを要求するのではない。呼称にははっきりと要求と伝達との二つの型があることがわかる。……

ところで，この伝達的呼称も，たびたび口にされ耳にきこえるものは直ちに合言葉となるのは自然である。そして，合言葉となるや否や，一言で用を達する言局の場合〔注：「言（げん）」，つまり「文」として使用される前後関係の場合〕のみならず，文章の構造の一部として語局に立つ場合も生ずるわけで，その際にもまた元の合言葉的言局の無冠詞形がそのまま採用されるのも，これまた非常に自然ではあるまいか？たとえば：

　　Gestern war Feuer.　　昨日火事があった。

と云うが如きがそれである。この場合は，Feuer の無冠詞は，たしかにFeuer! という言局の影響の下に生じたものである。なぜというに（此処に微妙な語感判断があって，此の筋路がどの程度まで首肯されるかによって其の人の生きたドイツ語に対する実感が及第するか落第するかのどちらかになってしまうと思うが）たとえば「昨日人殺しがあった」という時には Gestern war Mord はすこしおかしい，これは Gestern war ein Mord の方が自然である，それに〔対して〕，火事や，試験や，大掃除や戦争は Gestern war Feuer とか Gestern war Examen とか Gestern war Großreinemachen とか Damals war Krieg（当時は戦争中だった）とか云う。これはいったいどういうわけであろうか？　人生，社会，身辺，例年の行事における異変という意味においてなら，人殺しも火事も大掃除も何の選ぶところがあろう？　それに，火事や大掃除や試験や戦争にだけ冠詞が省かれて，人殺し

にだけは省くとおかしいというのは，いったいどういうわけであろうか？此の点は，掲称的語局という意味形態の本質の中核に触れた問題であるだけに，鋭く，徹底的に追及されなければならない。

さらに，もっと際どい微妙な語感判断を要求するとすれば，問題を，たとえば「地震」と「手術」とに延長して考えてみると面白い。「咋日地震があった」と云おうとするとき，ドイツ本国では Gestern war ein Erdbeben と云う方が自然であると思うが，日本では，Gestern war Erdbeben と云う方が自然である。「咋日手術があった」は，われわれ素人としては Gestern war eine Operation と云いたいところであるが，手術がたびたびある病院の看護婦などが云う際には Gestern war Operation と云わないとおかしいのである。これはいったいどうしたわけであろうか？

其の理由は簡単で，言局から語局への影響である。都会生活は，とにかく火事火事で寧日［ねいじつ ＝ 平穏無事な日］がない。年中行事に大掃除はつきもので，またしても大掃除である。学生生活はまたしても試験である。試験試験で寧日がない。人生社会は —— すくなくとも今日までのところ —— またしても戦争であった。戦争戦争，また戦争，これが世界の現状である。地震にしてもそうである。欧州ではそうではないが，日本では，「地震！」という言局，すなわち合言葉は，殆ど定例である。病院内における「手術！」もおそらくはそれと同程度のものにちがいない。すわ手術！すわ地震！すわ火事！すわ戦争！すわ試験！すわ大掃除！これらはいずれも合言葉であり，合言葉は語の如くにして実は言である。しかもこれらは，あまりにも屢々くりかえされる結果，ほとんど定例と化した人生の異変である。もはや改めて愕くにもあたらぬ椿事である。珍らしくもない天変地異である。定例化した異例である。ごくあたりまえになってしまった変ったことである。

以上の多少混沌とした描写を読んでいるうちに，賢察なる読者は，おそらく段々と気づかれたことと思うが，同じ伝達的呼称のうちにも，はっきりと二つのタイプが浮かびあがって来たことがわかる。まず第一のタイプは，たとえば Mord!（人殺し）とか，或いは欧州大陸における Erdbeben!（地震）とかいった，「真の異変」すなわち「定例的でない異変」である。第二の

タイプは，火事とか試験とか，或いは日本における地震とか，或いは最も切実なところを云えば雨とか休日とかいった程度の「定例化した異変」である。前者は「スワ人殺し」，「スワ地震」，「スワ断水」，「スワ暴動」，「スワ衝突」，「スワ墜落」等の考え方にあてはまる合言葉であるが，後者は，一応のところは「スワ戦争！」，「スワ火事！」「スワ試験！」には違わないにしても，それらが余りにもしばしば見舞って来た結果として，その余韻はむしろ「また戦争か！」，「また火事か！」といったようにひびき，世の中そのものが「戦争戦争また戦争」，「火事！火事！」，「試験，試験！」といったように見えてくるのである。これらは，同じ伝達的呼称であるにしても，特に「合言葉」という意味形態が鮮明になって，他の伝達的呼称からは区別されなければならない。現にドイツ語の語感は冠詞の取捨において此の点を非常に厳密に区別する。すなわち，「昨日人殺しがあった」というときには Gestern war ein Mord と云い，「昨日は地震があった」というときには，地震の少ない欧州では Gestern war ein Erdbeben というが，「昨日火事があった」は Gestern war Feuer，「昨日地震があった」（日本で）は Gestern war Erdbeben と云う。つまり「昨日は水曜だった」を Gestern war Mittwoch というのと殆ど同じ意識の上に立った云い方をする。その他，「雨が降ってきたら」は Wenn Regen kommt，「お客が来たら」は Wenn Besuch kommt，「火事があったら」は Wenn Feuer ist，「地震があったら」は Wenn Erdbeben ist，「試験になると」は Wenn Examen ist，「会社が退けたら」や「仕事がすんだら」は Wenn Feierabend ist である。……

Gestern war Mord というと，まるで殺人が社会の定例的行事であるかのようにきこえておかしいのである。或いは定例的異変と云っても好いかも知れない。もっとも警察や新聞に云わせるならば，火事も定例的異変，殺人も常例的異変，ひょっとすると或いは件数として見ると火事より殺人の方が遥かに上廻るということも考え得る，してみれば火事と殺人との間には実質的に何の相異もないではないか…… ということになるかも知れない。けれども，言語は人間の「意識」を忠実に反映するのであって，社会の「事実」を忠実に反映したりなどはしない。「事実」の上からは火事と殺人との間には何の区別もないかも知れないが，「意識」の上から両者の間には格段の差別が存するのである。すなわち「火事だ！」と聞くと，ど

んな近い火事でも「またか！」と思うが，「人が殺された！」と聞くと，どんな無関係な人が殺されても「またか！」とは思わないのである。<u>およそ言語を規定する無意識な意識ほど正直な恐ろしいものはない。</u>

【『冠詞』，第三巻「無冠詞篇」，第一章「掲称序論」，30-32 ページ，直下線関口，角カッコ補足と波下線佐藤】

「定例的異変」については，このほか『冠詞』，第三巻，409-423 ページも参照されたい。

------

⑭ 処理的遂行と宿命的遂行

関口は，『冠詞』第二巻，第三章において「単回遂行相」という「動作相」について，次のように説明する：「単回遂行相動作」とは，「多少にかかわらず迅速に展開する一回きりの劇的『三相経過』」，あるいは「一回きりのまとまった動作」である。aoristische Aktionsart と呼んでもよい。（参照：『冠詞』，第二巻，81-82 ページ）—— ここで言う「三相」とは，「開始」，「遂行」，「終了」の三つの相のことである。関口はそのうち，「遂行」という「相」に，処理的遂行と宿命的遂行を区別する。

まず最初から断わっておかなければならないが，なんでも動詞さえ用いてあれば遂行だというわけではない。たとえば Zerstreutheit <u>bringt</u> Schaden（ボンヤリしているとひどい目を見る）には bringen（もたらす）という，一見意志行動を意味するような動詞が用いてあるけれども，文がそもそも現在時称で表現されており，達意眼目が普遍妥当命題であるから，これは「遂行相」ではなく，因果の「関係」を述べているにすぎない。けれども，これが過去形になって，Meine Zerstreutheit brachte mir einen großen Schaden と云えば，これはだいぶ遂行相らしくなってくる。少し表現を変えて Meine Zerstreutheit hat mir wieder einmal einen Streich gespielt と

いうと，これはもはや完全に遂行相の表現になる。しかもそれが単回遂行相であるという印に einmal まで用いてある。なぜこれが遂行相であるかというと，ここでは Meine Zerstreutheit という抽象概念が人格化されて，なにか自分に対して悪意を抱いている悪者かなんぞのように見立てられているからである。

結論として，遂行相動作とは，一般的には何でも多少にかかわらず迅速に展開する一回きりの劇的三相経過であって，花が咲いたり，颱風が一過したり，飛行機が墜落したり，ヒューズが飛んだりするといったような自然現象（Naturgeschehen）をも含むわけであるが，しかし何と云っても其の中で最も重要なのは，やはり「射殺する」とか「接吻する」とか「受諾する」とか「眠り込む」とか「握手する」とか「立ち上がる」とかいったような，人間が或いは意図し或いは意図せずして行う一回きりのまとまった行為である，という事が言える。

というのは —— これが重要である —— 遂行というと，言葉の色彩の上からとかく「意図して行う」動作のみのように考えられるが，必ずしもそうではなく，時には周囲の事情に迫られてやむを得ず遂行することもあり，また，たとえ本人は大真面目に「やろうと思ってやった」と信じていても，第三者から見れば「あれは自然ああなったのだ」という印象を受けることもあり，また，そもそも科学的に考えるならば，例の有名な Willensfreiheit をめぐる哲学上の千古の宿題にもなってきて，けっきょく何が何やらわけがわからなくなるわけである。そうした問題に対して何等かの見地を取るということは語学とは無関係な事に属するが，しかし，いやしくも言語が人間の主観の反映である限り，意志は自由か宿命かという，此の凡そ人間の行動につきまとう最も根本的な二つの相が，何等かの形において言語によって解釈され，何等かの形において言語においても亦そうした Dualismus を反映しているに相違ない。仮に此の Dualismus，此の対立，此の二途の解釈を「処理的遂行」と「宿命的遂行」という，或る場合には対立し，或る場合には一致し，或る場合にはまた一致も対立もしないままで未解決のまま大体同じようなものと考えられてしまう二つの遂行相として取り扱ってみよう。

日本語の「云々してのける」は，もっぱら処理的遂行にのみ用いられる表現で，われわれ人間というものの自信たっぷりな姿を端的に表わしていて（ほんとうは少し浅慕ではあるが）愉快である。「やる」と言わずに「やってのける」という意識の中には，人生万事すべて是処理，成否は我が関知するところにあらず，万事簡単に捌いていくのが一等，捌け捌け……といったような，万象と共に流転して恬然たる横着な日本人根性が逞しく息まいている。その無頓着さたるや天衣無縫，その無責任さたるや八面玲瓏［はちめんれいろう ＝ どの方面から見ても何のわだかまりもない］たるものがある。縁側にいっぱい拋り出して山と積んであった洗濯物を半時間で「洗ってのける」とか，原稿にして千枚もあろうかという長編小説を一ヵ月で「書いてのける」とか，さしもの借財もこれで立派に「払ってのけた」とか，三ヵ所も普請を引き受けてどうするかと見ていたら，それでもどうやら期限までに「建ててのけた」とかいうのは結構な話であるが，心にもないことをヌーヌー或いはシャアシャア と「言ってのける」とか，今日はこっちの党派の応援演説に出掛けるかと思うと，明日はその反対党の演説会の演壇に立つといったように，とにかくどの党派のどの先生の提灯を持たされても，片っ端から最高級の形容詞で「褒めてのける」なんてのは，これはモウ褒めるということを事務と心得て手際よく「処理」していると云って好い。「処理」とは結局「片づける」（abfertigen）ということである。時にはシドロモドロになって大汗掻くこともあろうが，片づいてしまえば，嚊［かかあ］を相手に晩酌でもやりながら，「これでまあどうやら一件片づいた」ということになる。Nun wäre es geschafft! 或いは Nun wäre wieder einmal eine Angelegenheit abgefertigt（erledigt）であるが，ドイツ語の ab-（英：off）はつまり此の「片づく」ことの指向性的解釈である点において「……のける」（etwas von sich abtun）と軌を一にしている。

「云々してのける」という裏には必ず「立派に」，「首尾よく」，「わけなく」，「あっさりと」，「どうにか」，「無事に」，「やっとのことで」，「曲ったなりにも」等の感情評価が伏在する。ドイツ語の ab- の方は，傾向が少しちがっていて，日本人のごとくやりっぱなしではなく，「ピシッときまりをつける」こと，「ピシッと寸法を合せて遂行の結末を刻明に劃する」ことの方に傾いて行く。

この区別を，たとえば筆の勢いで示唆するならば（遂行の勢いも筆の勢いも結局同じものである），日本語の「......てのける」を

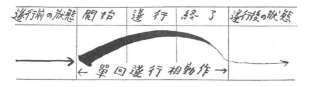

とすれば，ドイツ語の ab- は

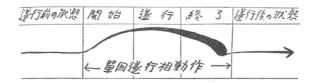

である。「てのける」の方の勢はむしろ weg-, fort-, davon-, 及び weg-に近い ab-（abtun 片づける, abfertigen 処理する，捌く），及び her-, herunter-, herab- 等によって表現される。

すると，第三の型として，開始段階はあまりはっきりしないが，終了段階だけは或る種の劇的効果を以て吾人の意識に迫る場合もなければならない，即ち：

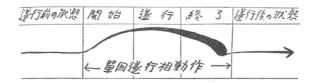

である。これは日本語の「......してしまう」或いは俗語の「......ちゃう」によって大体代表される「宿命的遂行」の型である。「しくじっちゃった！」と云って頭を掻いたり，言ってはいけないことをツイ「言っちゃった」り，そのためにすっかり「困っちゃって」「参っちゃった」り，仕様がないから兜をぬいで「謝まっちゃった」り，そのほか「転んだ」という代りに「転んじゃった」，「つかまった」という代りに「つかまっちゃった」，「吸嗚られた」という代りに「吸嗚られちゃった」と云うが如きがそれである。夢

というものは見ようと思って見るものではないから「変な夢を見ちゃった」ということになる。草むらの中の野糞は踏もうと思って踏むものではないから「グジャッと踏んじゃった！」ということになる。事柄を主語にする運命現象にしても，秘密というものは別にばれようと思ってばれるものではないから「とうとうバレちゃった」のである。

たとえ意思を以て企み遂行する動作でも，すべての意識行動の窮極的宿命性に対する諦観的見地を忘れない日本人は，たとえば「昨晩は飲んじゃってねえ......」とか「ドイツ語の時間をサボッちゃった」とか「あんまり腹が立ったからツイ呶鳴っちゃった」とか「とうとう姉の方を貰っちゃった」とか「奴さん喜んじゃってね......」とか「殺しちゃった」とか「出たらめ言って胡麻化しちゃった」とか「何だかヘンな事を云っちゃった」などと云う。それどころか「邪魔くさいから追っ払っちゃえ！」とか「バラしちゃえ！」とか「今晩は飲んじゃえ！」とか「此の話は蹴っちゃえ！」とまで言うから，こんどは遂行の勢から云うとむしろ「......してのける」と同じ型になってくる。宿命的遂行相は処理的遂行相にも転用されるのである。......

　　　　　　　......（中略）......

単回遂行相動作は，多少にかかわらず迅速に展開する一回きりの「劇的」三相過程であるがゆえに，その劇的性格には人間の考え方として自然に何等かの解釈，見解，感情評価が加味される。その中でも，自由決意から発して遂行する「処理」的性格のもの，即ち「......してのける」型と宿命的に逢着「してしまう」悲劇乃至喜劇的局面たる「......ちゃう」型との区別が最も重要な二つの感情評価であることは，古来悲劇にギリシャ型の「宿命悲劇」と，沙翁［＝シェークスピア］にはじまる能動的「性格悲劇」との別が最も重要な二つの流れをなしていることから考えても，凡そ人間の行う「表現法」乃至「描写法」としてこれほど自然なことはあるまい。三時間で表現する戯曲も人間の姿，数語で表現する言語もまた人間の姿，人間の姿に二つはないということが茲でもわかるわけである。

ただ，戯曲とか言語とか，その他芸術作品はすべてそうであるが，いったい人間によって行われる表現というものほど民族の特有癖を微妙に顕示す

るものはない。<u>根本に流れている太い線は何処もまあ大体同じようなもの</u>で，日本人には存在するがドイツ人には微塵も見受けられないなどといった線は無いが，<u>しかし細かい微妙なところになると</u>，<u>国がちがえば相当ちがってくる</u>。以上は，太い線をつかむために，仮に日本語から出立して凡てを考えたのであるから，これを必ずしもそのままごっそりドイツ語にあてはめて考えるというわけにはいかない。以下，ab-，weg-，davon- その他について，ごく概略の輪廓を割しながら，是正すべきところは是正していこうと思う。

【『冠詞』，第二巻「不定冠詞篇」，第三章「単回遂行相動作と独逸語」，129-132 ページ，直下線関口，角カッコ補足と波下線佐藤】

⑮ 関心の三格

一名 Dativ des Interesses 利害関係の三格とも言います。関心，利害関係というのは頗る曖昧な言葉で，広義に解すれば 416 に述べた物主代名詞代わりの三格もこのうちに這入ってしまいます。[注：「416 に述べた物主代名詞代わりの三格」とは，例えば Er küsste <u>mir</u> die Hand. などのいわゆる「所有の三格」を指す]

先ず日本語に類似現象を求めると，そういうことをして「呉れ」ては困るとか，ではもう教えて「やらない」とかいう，片言隻語［へんげんせきご＝ほんのわずかな言葉］の内に自己，相手の関心，情実，利害の関係を仄めかす言葉がありますが，正にこれがドイツ語の ethischer Dativ の使い場所です。夏目漱石の「坊ちゃん」が，増俸の事が問題になった時に，「なあに，月給なんか上がってやるもんか」と強味を云うのなぞは，此の「やる」をうまく利用した滑稽です。「こんな所で小便をして呉れちゃあ困る」と云いますが，小便をなにも「自分に」呉れるわけではないので，小便をするのを目のあたりに見るという気づつなさ［＝閉口さ］が自分「に」呉

160

れられるわけです。<u>此の「に」を称して関心の三格と云います</u>。……

Japan! oh, das ist **dir** ein Land, wo alles märchenhaft schön ist.
日本！日本といえば「君」，すべてがまるでお伽話のように美しい国だぜ。

Siehst du? der lange Peter ist **dir** ein Advokat geworden.
どうだい，のっぽのペーテルが「君」，弁護士になっちゃったよ。

Lieber Freund, was schreibst du **mir** bloß für ein sonderbares Buch?
おいおい，変な本をかいて「呉れ」ちゃあ困るぜ。

Na! du weißt, ich bin ein Übermensch; Darum schreibe ich **dir** nur Überbücher.
へ！我輩はご存知の通り超人だからね。だから超書しかお書き遊ばさないんだ。
（または「書いてやらねぇんだ」）

　　註：超書というのは，ドイツあたりの貧乏で鼻の高い詩人，哲学者を皮肉っ
　　て作られた奇抜な言葉で，つまり，計画ばかり大したもので，頭の中だけで
　　書かれて，紙には遂に書かれないでしまう書物ということです。……

これに似た現象に関してひとつ断わっておきたいのは，英語やフランス語
にある「あなた」「皆さま」という<u>代名詞の関心的用法</u>がドイツ語にない
事です。たとえば「近頃は不景気で困る」といったような話をしている時
に，英語やフランス語では「職を求めりゃあ職がなし，じっとしていようっ
たってじっとしていられず」といったような具体的な例を挙げる時に，「あ
なたは職を求める，すると職はない，あなたはじっとしていようと思う，
するとじっとしていられない」等と，「あなた」という代名詞を用います。
ドイツ語はそういう時には Sie を使わないで man を使います。この点は
英仏よりも直接さが足りないと云われてもドイツ語として弁護の余地はな
い訳です。ごく最近のものには使ってありますが，どうも矢張りフランス
あたりの真似だという気がして，多少気取ったような感じを与えます。

【『独逸語大講座』，第四巻，461-463 ページ，太字関口，角カッコ補足と直下線および波
下線佐藤】

////////////////////////////////////

Das hörte die Tochter mit weichem Gefühl,

王の娘は之れを聞き，　やさしの心や動きけむ，

Und mit schmeichelndem Munde sie fleht:

言葉巧みに云ひなしつ　哀れを乞うて申す様：

„Laßt, Vater, genug sein das grausame Spiel!

「さりとは酷（むご）き御戯事（おんざれごと）　程よき処に止めませ，

Er hat **Euch** bestanden, was keiner besteht,

余人の期せぬ生還を　遂げ来つること奇特（きどく）なり，

Und könnt Ihr des Herzens Gelüsten nicht zähmen,

思ひ止まり給はむこと　難しとならば詮もなし，

So mögen die Ritter den Knappen beschämen.“

小姓わっぱを何かせん，　いで騎士共に御命あれ！」

関心強要の三格

Euch：「あなたに」　この三格［＝ ドイツ語の 4 行目，太字の Euch］は，なくてもよいものであるが，特に相手に向かって関心を強要するためにチョッと軽く挿入する三格である。日本語なら，「そうですよ，あなた」とか，「そうしたんだぜ君」とか何とか云って，呼びかけの語を挿入する。ドイツ語もそれはしきりにやるが，その外，現に日本語にも「だよ」とか「ですぜ」とか「のよ」とか，押し強く相手の関心を刺激するための小さな手段があるように，ドイツ語にも関心の三格（Ethischer Dativ）という三格の用法があるが，その関心の三格のうちでも最も微妙なのが，こうした「ぜ」や「だよ」にあたる Euch, dir 等である。「あの方はずいぶんお金持なのよ」＝ Er ist Ihnen so reich! ——「ずいぶんひどい嵐だったぜ！」＝ Das war dir ein Sturm! —— Ethischer Dativ には，およその外［ママ］，自分自身の関心を表明する場合（即ち 一人称の三格代名詞の場合）もある。Das war mir ein Sturm!「ずいぶんひどい嵐で，閉口しちゃった」など。—— 本文の Er hat **Euch** bestanden, was keiner besteht は，現代詞で云うなら，「この人は，そうざらに誰にでも出来ないことをしていらっしゃったのですよ」といって，多少相手に教えんとするかの如き口調になるわけである。

【『海に潜る若者』，28-29，70 ページ，シラーの原文四行目の太字と下線，角カッコ補足

および波下線佐藤】

//////////////////////////////////

三格と bei との差：三格を用いるべきか bei を用いるべきかの問題は非常に微妙である。たとえば体内や心理の異変を表現する非人称語法において，たとえば「私は流感の気味だ」というのを <u>Mir</u> grippelt es というか，<u>Bei mir</u> grippelt es というか，「かれは片方の眼が痛かった」を <u>Ihm</u> tat das eine Auge weh というか <u>Bei ihm</u> tat das eine Auge weh というかなど，いわばまずどちらでも大した差のない事が多い。けれども場合によってはどうしても bei でないと不可ないことも起ってくる。大体の見当は，やはり <u>「関心」の三格という考え方をするかどうか</u>という点にある，即ち，<u>これらの文によって表現される現象の「関心の主体」として考えると三格を用い</u>，それらの現象の起る「位置」として考えると bei である（前者は意味上の Dativ であり，後者は意味上の Lokativ である）。たとえば：「鳥の胃袋は」（Der Magen des Vogels）というのは所属的表現（Genitiv）であるが，同じことを「鳥に ...... 胃袋は ......」（Dem Vogel ...... der Magen ......）といえば関心的表現（Dativ）になり，「鳥にあっては ...... 胃袋は ......」（Beim Vogel ...... der Magen ......）といえば位置的表現（Lokativ）である。<u>三者の間には，意味形態の区別はあるが，意味の区別はない。</u>

【『冠詞』，第一巻「定冠詞篇」，第一篇「指示力なき指示詞としての定冠詞」，第五章「文内に所属間接規定ある場合」，246 ページ，太字と直下線関口，波下線佐藤】

⑯ 万能三格

本巻第一部「⑪ **述語**」においては，「主語と述語」について，そして「伏在述語文」について詳述された。本項「⑯ **万能三格**」を理解するに当たり，「伏在述語文」の要点をもう一度確認したい。

「A は B である」という文では，A が「主語」，B が「述語」である，と云うことができる。それに対して，たとえ「主語・述語関係を表現している」とまでは云わないまでも，すくなくとも主語述語関係を伏せた文，即ち「伏在述語文」と呼ぶことができる場合がある。これらにおいても結局は，「A は B である」という関係が表現されているのである：

　　「A が B になる」
　　「A は B として何々する」
　　「A は B のごとく何々する」
（主語 A を四格に変えると）
　　「A を B と思う」
　　「A を B と呼ぶ」
　　「A を B のごとく何々する」

述語は原則として名詞または形容詞である：Er ist <u>ein Geizhals</u>；Er ist <u>geizig</u>.

二格，前置詞を伴う諸格，及び其他の状況語を伏在主語とする伏在述語はすべて三格でよいという「三格万能」の語感： ── これは別に文法上の法則として改めて認めようとか，あるいは賛否のいずれかを決しようなどと，思って附言するわけではなく，現実として，ドイツ人の語感の一部に（あいまいな状態のままで）支配する，多少微弱ではあるが，そのくせなかなか執念深い一つの奇癖を，あいまいなままに，一つの奇癖として指摘しておくだけである。もちろん，形式文法は，口を揃えてこれを排撃する。けれども，現象として無視するわけにはいかない。

語局としては，いわゆる Apposition の場合と，それから只今の問題の名詞附加的 als の場合 ── 要するに<u>伏在主語に伏在述語が直結附置される場合</u>である。この場合，伏在主語が一格ならば，述語も勿論一格である。三格四格もこれに準ずる。ところが<u>二格</u>となると：

Man hat Mühe, sich in dem Sprachgewirr der Fahrtteilnehmer, zwei Amerikanern, zwei Engländern, einem Italiener, einem Polen und zwei Slowaken als Reiseführer, einigermaßen zurechtzufinden. *(BERLINER TAGEBLATT, 1938)*

同乗者（二人の米人，二人の英人，一人のイタリア人，一人のポーランド人，それから案内のスロワキア人二人）が色んな言語でしゃべるものだから，多少意思を通ずるのが一骨だった。

のように，Apposition を三格にするという心理が一部には見受けられる。二格ばかりではない，最も多いのが前置詞を伴う名詞を伏在主語とする場合には，名詞そのものが二格であれ四格であれ（三格は当然），名詞そのもののみを考えず，むしろ前置詞と名詞とを合せたものを一体として考え，これに該当するのは「三格」である，と思うような語理がかなり強く働くのである：

Man fuhr mit der Bahn bis Nordhausen, einer Stadt, die wegen des vielen Schlapses, der in ihr fabriziert wird, ihren Namen vollauf verdient. *(Otto Erich Hartleben: Ich erbte ......)*

火酒を多量産出するので有名な Nordhausen まで鉄道で行った。

Der Leiter der Spitzbergen-Expedition berichtet hier von dem Kampf um den schwierigsten Gipfel, dem Hornsundtind. *(Z. 1939)*

以下は，Spitzbergen 探険隊の隊長が，最も困難な山頂である Hornsundtind 征服の模様を報告した記事である。

So hat in unseren Tagen Leo Frobenius den Geist afrikanischer Urzeit rezipiert, Paul Dahlke den des ursprünglichen Buddhismus, Richard Wilhelm denjenigen Altchinas. So kann durch persönliches Verstehen, einem Akte schöpferischer Freiheit, ein Geist sogar dann auf die Erde zurückbeschworen werden, wenn er ihr ganz und für immer entschwunden zu sein schien. *(Keyserling: Das Buch vom persönlichen Leben)*

たとえば，現今の世に於ても，Leo Frobenius はアフリカ原始時代の精神を継承したし，Paul Dahlke は原始仏教のそれを，Richard Wilhelm は古代中国のそれを体得した。かくのごとく，たとえ此の地上から永遠に跡かたもなく消え失せてしまったかに見える精神といえども，創造的自由の行為たる個人的理解の如何によっては，ふたたび此の地上に呼び戻されるということがあるのである。

Der Gesandtschaftsrat an der Pariser Botschaft, vom Rath, ist am 9. November 1938 den Folgen des jüdischen Attentates erlegen, das vor zwei Tagen auf ihn als einem Vertreter des nationalsozialistischen Reiches verübt wurde. *(BERLINER TAGEBLATT, 1938)*

在パリ大使館員 vom Rath 氏は，ユダヤ人の兇行による傷害のため，1938 年 11 月 9 日，遂に死亡した。同氏は二日前，国粋社会主義ドイツの代表者として此の兇行を受けたものである。

Weißhaarig im festlichen Saale, inmitten der Kinder all / —— zwölf blühenden Söhnen und Töchtern mit adligem Ehegemahl —— / sitzt die Mutter mit strahlenden Wangen. *(Leo Sternberg: Die Freifrau von Stein)*

多数の子たちに取りかこまれ —— おのおの貴族の配偶者を伴なった子息，息女，総勢十二人 —— 母君は頬かがやかせて坐し給う。

<u>名詞以外の伏在主語</u>（たとえば時の状況規定等）の場合にも此の万能三格が現われがちである：

Gestern, meinem vorletzten Tag auf japanischem Boden, hielt ich den Professoren und Studenten der philosophischen Fakultät einen Vortrag über meine Erfahrungen in der indischen Yoga. *(Keyserling: Ein Reisetagebuch eines Philosophen)*

昨日は，わたしの日本滞在の最終日の前日で，哲学科の教授学生諸君のために，インドのヨガについてのわたしの体験に関して講演を行った。

…… es sei ihr sehr angenehm, daß wir Freitags kämen, als dem ruhigsten Tage der Woche, da Donnerstag Abends die gefertigte Ware zum See und in die Stadt geführt werde. *(Goethe: Wilhelm Meisters Wanderj.)*

…… わたしたちが金曜日に訪れるということは，彼女にとっても非常に都合が好いとのことであった。というのは，出来上った品が湖上に浮かんで市の方へ運び去られるのが木曜の晩なので，金曜が一週間のうちでいちばん静かな日なんだそうである。

Natürlich ist es nicht möglich, von 1 Uhr 10 —— jenem Zeitpunkt also, da die Zeugin Beggers den Angeklagten etwa 600 Meter querab der Sandgrube traf, bis um 1 Uhr 30, dem Zeitpunkt des Eintreffens des Angeklagten im Lokal des Zeugen Pappi, diese rund neun Kilometer zurückzulegen. *(Stephan Amwork: Barbara und der Sünder. KRISTALL, 1953)*

もちろんのこと，一時十分 —— というのはすなわち，証人の女 Beggers が，問題

の砂取場から 600 メートル横路へそれたところで被告に遭ったという時刻 —— から, 被告が証人 Pappi の経営している飲食店に辿りついた一時三十分という時刻の間に, この 9 キロの長距離を歩くということは, とてもできた話ではない。

【『冠詞』, 第三巻「無冠詞篇」, 第九章「挙示的掲称 (2) 挙示的掲称の述語 (一般)」, 442-444 ページ, 太字と直下線関口, 波下線佐藤】

⑰ 「論程」という話場

形容詞一般は, すべて「形容」詞にも「規定」詞にも用いることができるが, 茲に一つ注目すべきは, 「具体規定的」にしか用いない或る種の形容詞が存在するという事実である。[注：関口がここで言う「形容詞」とは,「どんな？」という疑問に答える「特殊化規定詞」のことであり,「規定詞」とは,「どの？」という疑問に答える「具体化規定詞」のことである] それは, たとえば, 「現在の場合」(der vorliegende Fall または vorliegender Fall) という vorliegend, 「次の例」(das folgende Beispiel または folgendes Beispiel) という folgend などである。これらは, 既述のごとく, むしろ普通の文法においても dieser, jener と並んで「指示詞」として登録しなければならない筈のものであるが, 普通文法はすべて文法形態 (語形) 中心主義であって, 意味形態や意味と表現の実際などは殆ど考慮せずに出来上ったものであるために, vorliegend, folgend, nächst *etc.* は単に形容詞一般と同じ取り扱いを受けている。同じことが, 時間・空間の具体化規定詞 (heutig, gestrig；link, recht, nördlich, südlich), 固有名詞から派生した具体化規定詞 (japanisch, deutsch, kantisch, Goethesch) についても云える。

そのうちでも, 論述の進行に関するもの (「前述の」等) は特に重要である。なぜかというに mein, dein 等の物主冠詞が, 元来ならば必ず定冠詞を伴うべき筈の具体化規定詞 (詳しく云えば所属規定詞) であるのに, 時と共に定冠詞を不要にしてしまったのと同じような動きを, これらの論述の進行に関する形容詞も亦現に多少示しつつあるからである。即ち Dies steht fest（此の点は確かである）というのと同じように Folgendes steht fest と云う傾向があるからである。此の場合の Folgendes は Dies や Dieses が定冠詞を要しないと同じ意味において定冠詞を要しなくなったのである。こうした形容詞を便宜上，論程の指示形容詞（Demonstrative Adjectiva der Vortragsordnung）と呼ぶことにしたい。

備考：論程は一つの重要な話場（Sprachfeld）である：話場というのは，話局とは少しちがった概念で，場（ば）Feld は理学用語の das magnetische Feld「磁場」の「場」を比喩的に用いたものである。用語にはすべて其の話場というものがあって，たとえば専門用語，時事用語，家庭日常用語，等の広い話場から，狭いものでは儀礼的挨拶の話場と人情問題で話合いをつける話場と，職人同士が仕事の上のことで相談する話場と，起草されんとする法律明文の話場と，新聞の三面記事の話場と，では各々話場がすっかりちがい，用語までがちがってくる。そうした色々ある話場のうち，只今の関係において，見逃してはならないのは「論程の話場」という重要な現象で，此の話場の語彙，ならびに用句は，西洋語には特に豊富である。用句で云うならば，たとえば：

Und nun weiter im Text
　　さて其の次がです
Und noch eins!
　　それからもう一つ！
Jetzt aber, Scherz beiseite
　　ところでさて，冗談はぬきにして
Also, um nochmals zu unserem Thema zurückzukommen
　　さて更にもう一度本問題にかえって
Also, wo war ich nur stehen geblieben?
　　ええと，何の話をしていたのだったっけ？
Aber worauf ich hinauswollte
　　ところで，実はこの事を云おうとして途中で話が外れてしまったのですが
Wie es dann gekommen ist, sei hier in wenigen Worten berichtet
　　その次にどうなったか，それをこれから簡単に申し述べましょう
So, und jetzt gehen wir zu etwas anderem über

えेと，ではちょっと話の方面を変えまして

Fassen wir das Gesagte noch einmal kurz zusammen

今までに述べたことをもう一度簡単に要約すると

Das wollen wir der Einbildungskraft der Leser überlassen

それは読者の想像にまかせる

Das ist mit ein paar Worten abgetan

そんな事は簡単に言ってのけられる

Bleibt die Kostenfrage

最後は費用の問題です

Was ich Ihnen sagen wollte ……

実はこの事を申しあげたかったのですが ……

Was soll ich's Ihnen lang erzählen?

これ以上詳しくは申しあげませんが

Doch ich schweife ab

話が横道へ入りましたが

Also, um die Herrschaften nicht mit Nebenumständen aufzuhalten, habe ich ……

しかし，こんな附帯的なことは皆さん御退屈でしょうから省くと致しまして，私は ……

Ja, was ich noch beiläufig sagen wollte

そうだ，これもついでに申し上げておく必要がある

Aber ehe ich vergesse

そうだ，忘れないうちに申し上げておきますが ……

Und dann noch etwas anderes

それから更にもう一つ

Doch das Schönste kommt noch

ところがその次が面白い

Ich will keine langen Worte machen

諄くは申し上げますまい

Kommen wir ohne Umschweife zur Sache

とやかくの文句はぬきにして，すぐ本問題を取りあげましょう

Weitere Kommentare erübrigen sich

それ以上のコメントは無用です

大体こういったような用句が日常会話たると公用文書たるとを問わず，論道華やかなる近世西洋語に於ては，日本語よりも遥かに豊富に，且つ常套

語的に発達を遂げ，一つの顕著な話場を成している。

【『冠詞』，第一巻「定冠詞篇」，第一篇「指示力なき指示詞としての定冠詞」，第一章「冠置規定」，41-42 ページ，太字と直下線関口，角カッコ補足と波下線佐藤】

⑱ 単数と複数の区別を超越した「単数形」

...... 保有描写の mit が無冠詞の名詞を伴う場合，たとえその名詞が「事」型ではなく「者」型あるいは「物」型の可算名詞である場合にすらも，その名詞の名詞性は著しく減退するものである，という点に対しても注意を喚起しておこう。たとえば

> Dort lag eine Kuh tot mit emporgerecktem Bein und gebllähtem Euter. *(Renn: Krieg)*
> 向うの方には牝牛の死骸が，脚を虚空に立て，乳房が水脹れして横たわっていた。

の mit emporgerecktem Bein は，名詞附加的（adnominal）にではなく，動詞附加的（adverbal）即ち副詞的文肢（或いは独立文肢）として用いられた保有描写の mit であって，此の場合 emporgereckt 等の分詞が冠置されると，述語句，即ち die Beine emporgereckt と全然同じものになる。（その他 mit verschränkten Armen = die Arme verschränkt；mit zurückgeworfenem Nacken = den Nacken zurückgeworfen；mit verbundenem Kopfe = den Kopf verbunden, *etc. etc.*）すると，此の文の mit emporgerecktem Bein は，Bein が単数形になっているが，はたして，一本だけ脚を突っ立てていたものであろうか，それとも四つ足を全部突っ立てていたものであろうか？常識判定としては，どうしても後者に軍配を上げなければなるまい。脚が一本だけ突き出して，他の三本が地につくといったような場合は，無いとは断言できないが，しかし戦場の悽愴な〔せいそうな ＝ 非常にいたましい〕風景を描写する詩人としては，何を好んでわざわざ「全然ないとは云えな

い場合」だけを描写する必要があろう。……（中略）…… 私は此の mit
emporgerecktem Bein を mit emporgereckten Beinen の意味だろうと判
断せざるを得ないのである。

すると，これは一種の Sprachdummheit であろうか？　文法家によって
は，或いはそういう意見の人もあるのではないかと思う。私も，どちらを
選ぶかとなれば mit emporgereckten Beinen の方に賛成ではある。然し，
語感の説明としては，こんなものも一応は認めてもよいようにも思う。そ
れは何故かというと，名詞が傍局に立って，その額面通りの名詞性を喪失
する場合には，冠詞の省略という現象以外に，単複の観念が薄れて，すべ
てが単数扱いになるという現象が到る処に見受けられるからである。否，
単数扱いというのは妥当ではない。むしろ単複の差別を超越した一つの形
があって，それが語形としては単数の形を借りるのだ，と云った方が正し
い。一番露骨なところを云えば複合名詞に現れる Tausendfuß（むかで），
Dreifuß（かなえ［＝３本足の五徳]），Achtfuß（たこ），Neunauge（八目う
なぎ），Dreirad（三輪車），Dreieck（三角），Siebenpunkt（七星てんとうむし），
Doppelpunkt（二重点），Vierraumwohnung（四室住宅），Fünfjahrplan 或
いは Fünfjahresplan（五ヵ年計画），Dreibein（三脚，Stativ）等は，すべて
複数の筈であるのに単数が用いてある。Vier-Mächte-Konferenz や Zwölf-
Punkte-Plan（十二項計画）や Hundeschlitten（犬ぞり）や Ärzteschaft（医
師団）等はむしろ例外と云ってもよい。またその一見複数形の如く見えるも
のも，実を云うと複数形かどうか断言するのは早計である。Einfamilienhaus
の Familien が，ein にもかかわらず複数であるということは何としてもう
なずけまい。ohrzerreißend（耳をつんざく）の ohr が単数であるからといっ
て，片耳だけを劈［つんざ］くと思うわけにもいかないし，sternbesäter
Himmel がたった一つの星をちりばめた天と思うのも変であろう。「出席
者全部が手を上げた」は Sämtliche Anwesende hoben ihre Hände でも
ihre Hand でも，どちらでもよく，「日本の女たちは赤ん坊を背中に背負う」
は Die Japanerinnen tragen ihre Babys auf dem Rücken で，此の場合は
auf den Rücken とは云わない。「よく主語のない文章がある」は Es gibt
Sätze, die des Subjekts entbehren であり，der Subjekte などと強いて複
数を用いると，反って，一文には多くの主語がある筈なのか，といったよ

うな妙な印象すら生じ勝ちである。「法の眼が光る」ということを詩人 Schiller は Denn das Auge des Gesetzes wacht *(Das Lied von der Glocke)* と云っているが，これは別に司直は片眼であるなどと考えてそう云ったわけではない。その他，たとえば独立二格の副詞的文肢に現れる feuchten Auges（眼をうるませて），schnellen Fußes（足速に），halben Ohres（馬耳東風と），等の単数形をも考合するならば，いやしくも多少たりとも名詞の名詞性（即ち概念）が何等かの意味において稀薄化して，或いは転意し，或いは多くのものに共通となり，或いは副詞的語局等の語局へと発展解消を遂げる場合には，名詞はその本来の「通念」に還元され，単複の観念を越えた原形に立ち戻り，従って同時に冠詞の消滅，或いは定冠詞の場合にあっては温存定冠詞化という現象を伴うという事実が，関係ある一連の現象として意識されると思う。

そこで問題を当初の mit emporgerecktem Bein という句に戻して批判を下すならば，「われわれの背後には，銃に実包を装填した兵士が立っていた」を Hinter uns standen Soldaten mit scharfgeladenen Gewehren と云っても mit scharfgeladenem Gewehr と云っても好いことになっているドイツ語である以上は，mit emporgereckten Beinen の代りに mit emporgerecktem Bein とも云いたくなるという語感は，或る種の程度まで（保留つきで）認められてよいのではあるまいか？ ただ一つ拙いのは，多くの兵の銃を単数で表現するのは理由があるが，一疋の牛の四つ足を単数で表現する方には多少の無理がある。

【『冠詞』，第二巻「不定冠詞篇」，第一章「不定冠詞概論」，21-23 ページ，直下線関口，角カッコ補足と波下線佐藤】

⑲ 日本人の慢性定冠詞症 (Bestimmterartikelitis chronica)

［「不定冠詞概論」の］最後に，ごく実際的な見地から，最も適切な観察を一つ附け加えておく。それは，筆者がたびたび冗談半分に用いてきた「慢性定冠詞症」という現象である。これは筆者が数十年教鞭を取って，とくに和文独訳を担当しながら得た経験を一口に要約したものであるが，とにかく，一般的に言って，日本人が独文を綴るときに一番犯し易い冠詞用法の誤りは，<u>不定冠詞を用いなくてはならない場合に定冠詞を用いるという誤り</u>である。最も馬鹿馬鹿しいところで云えば，「おまえはまだ子供だ」というのを Du bist noch <u>das</u> Kind と云ったり，「あなたに好いことを教えてあげましょう」というのを Ich möchte Ihnen <u>den</u> guten Rat geben と云ったり，「まだ何か質問がありますか？」というのを Haben Sie sonst noch <u>die</u> Frage? と云ったりするのなどがそれである。これらはまだごく初歩的な誤りで，少しでも感じのある人は，こんな程度のことはそのうち直ぐに脱却するようになるが，さて，その次がなかなかむつかしい。<u>慢性定冠詞症は中級程度にも高級程度にも附いて廻る</u>。あんまり切実な事に触れるのはよくないかも知れないが，筆者は仕事の関係で多くの若い有為なドイツ語学者を知っているものだから，時々独文の加筆修正を頼まれるが，そうした際にも，到る処で眼につくのが此の慢性定冠詞症である。それらの人たちは，恐らくもはや十年以上もドイツ語をやっており，作って来る独文も大抵立派なものであり，時には驚嘆すべきほどの模範的な独文が綴られているのだが，ただ一つ，あちこちに此の慢性定冠詞症だけは相当顕著に首をのぞかせている事が多い。時とすると，一頁に一個所二個所，der を ein に改め，die を eine に変えさえすればそれで完璧 …… というほどのものすら見受けるのである。

［注：ここで独作文の一例が挙げられる］

…… 次の den Menschen, der …… となると，これはもはや明らかに慢性定冠詞症である。いったい関係文の規定を伴う先行詞に定冠詞を用いるか不定冠詞を用いるかという問題は，単にその規定が具体化規定であるか特殊

化規定であるかというだけの差で決するのであるから，「どの ...... ？」と
「どんな ...... ？」との差に関する感じがありさえすれば殆ど絶対に間違う
おそれのない場合であるにもかかわらず，実際としては，これ位の独文の
綴れる技能を持った学生でもまだ「どの？」と「どんな？」との意味形態
の差を語感の裡で消化していないことがわかる。もちろん，これ位の程度
の作文の出来る学生のことであるから，此の den を einen と訂正してみ
せると，とたんに気がついて「ああそうだ！」と苦笑する。

要するに，冠詞というものの存在しない国語を母国語とする人種にとって
は，定冠詞に慣れることは割合にわけのないことらしいが，不定冠詞の方
はなかなか一朝一夕には自由に駆使し得ないものらしい。これは日本人だ
けではなく，たとえばロシア人が西欧語を習得する際などにも同様の慢性
定冠詞症が見受けられるのではあるまいか？

ドイツ語で，本当にむつかしいのは，むしろ定冠詞の用法ではないかと思
うが，そこまで語感が発達すればもはや大したもので，此処で云うのは，
それよりももっと手前にある段階のことである。

こうした実情を眼中に置くと，定冠詞用法の方は語感が最高度の段階にあ
る学習者に向くように述べ，不定冠詞用法の方は，それに反して，多少程
度を下げて述べる方が適当なような気持がする。個々の特殊現象の指摘の
しかたなどにしても，以下，多少初歩教室を想わせるような馬鹿馬鹿しい
ことも多く出て来るのはそのためである。しかし，それだけにまた，所謂
「わかり切ったことがら」の意味形態的基礎工作は厳密かつ精確でなけれ
ばならない。

【『冠詞』，第二巻「不定冠詞篇」，第一章「不定冠詞概論」，23-25 ページ，角カッコ補足
と波下線佐藤】

174

⑳ zu 不定句の多岐多様な性格

...... zu 不定句は，その形式的構造の上から，daß ...... の文と似たような性
格も持っていれば，また全然異なった志向をも具えている。これを若干の
考機に分解すると，次のようなことが云える：

［A］　zu 不定句の名詞的性格：

zu を伴う不定句は，全体が一つの名詞のごときものであって，たとえ
ば passende Worte zu finden は「適当な言葉をみつける<u>こと</u>」という「<u>こ
と</u>」によって暗示される程度の（但し，単にその程度のみの）名詞的性格
を具えている。この点は daß ......「...... であるという<u>こと</u>」と同じである。
また両者とも，「『事』型名詞の性格」であって，「者」型や「物」型で
はない。

［B］　zu 不定句の文章的性格：

zu 不定句は，その名詞的性格にも拘らず，やはり依然として文章の一
種である。daß ...... も同じ。

［C］　zu 不定句の非名詞的性格：

名詞的であるとはいえ，passende Worte zu finden は das Finden pas-
sender Worte ほどの程度に名詞的なわけではない。また英語の finding
suitable words よりも名詞的性格に於て劣るところがある。まず to find
suitable words の程度，或いはそれよりはいくらか名詞性が強いぐらいの
程度である。

［D］　zu 不定句の非文章的性格：

文章であるといっても，daß ...... の如き副文章，従属文とはちがう。それは，

主語がなく，基礎が定形ではなく不定形であり，要するに「不定」文章であるという点で daß ...... の場合ほど「文章」ではない。

[E]　zu 不定句の zu 的性格：

zu は単なる形式的要素で，現在ではもはや zu という前置詞の空間的，時間的，乃至それ以外の微妙な意味などは直接考慮に這入ってこないと思うのは間違いで，やはり相当その原意を保有することが多いのである。即ち，zu は，空間的には，「向わんとする当面の目標」を指し，時間的には「目前に迫った将来」を指す。従って Ich bin bereit, dir zu folgen にせよ，der Versuch, sich zu befreien にせよ，die Fähigkeit, etwas zu leisten にせよ，とにかく，未だ実現せずして，これからまず実現しなければならないような，言わば眼前に横たわる未遂の行為の場合がもっとも zu に相応しいと云うことができる。（仏の該当形が，de 以外に à が多いことを考えればわかる：Je suis prêt à te suivre）

[F]　zu 不定句の二格的性格：

けれども，zu の原意を離れて，ほとんど二格の如き関係に於て，たとえば名詞に接続されることは，zu 不定句の一つの特徴をなしている：Er steht im Ruf, ein ehrlicher Mann zu sein は現に英では of，仏では de で表現する：He has the reputation of being an honest man：Il a la réputation d'être un honnête homme.

[G]　zu 不定句の um ...... zu ...... 的性格：

たとえば die Fähigkeit, etwas zu leisten は「或る事を成し遂げる能力」であると同時に，一面また「あることを成し遂げるために必要な能力」（即ち die Fähigkeit, um etwas zu leisten）でもある。Ein Mittel, sich durchzusetzen「初志を貫く手段」は同時に Ein Mittel, um sich durchzusetzen でもある。また「云々するために」という文は「um ...... zu ＋ 不定形」という方式のみならず，um を除いた単なる zu を伴う不定句のみによっても充分表現できることが多い。

[H]　zu 不定句の関係文的性格：

zu の有する「可能」，「適不適」，「能力」，「義務」その他あらゆる未実現行為的性格から発して，たとえば Er ist der Mann, das zu vollbringen（He is the [a] man to accomplish it：Il est homme à accomplir cela）のように，ほとんど関係文と同様に用いられる場合すら生じてくる。

以上は，必ずしも名詞附置的な場合とは限定せず，そもそも zu 不定句なるものが本来その構造の上から持っている性格と傾向を一般的に描写したものであるが，すでにこうした荒っぽい輪郭を一般的に考えただけでも，たとえば daß の場合とは根本的に問題がかわってきて，これを名詞附置的に用いるとなると，先行名詞に定冠詞を冠置すべきかどうかの問題には，かなりの難問がひかえていることが予想されることと思う。

【『冠詞』，第一巻「定冠詞篇」，第一篇「指示力なき指示詞としての定冠詞」，第四章「句または文の附置規定」，156-157 ページ，直下線関口，波下線佐藤】

> 上の［E］では，zu 不定句の「zu 的性格」について短い説明があったに過ぎない。関口は実は，同じ章の中で「zu 的性格の顕著な zu 不定句の特性」という項目を設け，詳しい説明を行っている：『冠詞』，第一巻，180-192 ページ。なおこの詳しい説明の一部（「動詞の zu 的性格一般について」）は，本巻第一部の「⑥ 意味形態文法と人間」で触れた（参照：本巻 51-53 ページ）。

㉑ 関口文法とエスペラント語

> 関口は，エスペラント語の創始者ルドヴィコ・ザメンホフ（Ludoviko Zamenhof, 1859-1917）の仕事を高く評価する。

要求話法とは何ぞや？

接続法の用法の三大範疇の一つである『要求話法』とは，抑々如何なるものであるかを先ず説明いたします。1933 年に於ける Nationalsozialisten の，いわゆる Machtergreifung（政権把握）又は Machtübernahme（政権継受）直前のスローガン（Schlachtruf）に：

Deutschland *erwache*, ...!

というのがありました。『独逸は目覚めよ，......！』です。

此の際の erwache! ...... は，『命令法』と全然同形であるけれども，それは偶然の一致で，......（中略）...... これらの形は接続法の第一式なのです。

もっとも，<u>これらの形を命令法だと早合点するのには，意味形態上の根拠があるので</u>，意味から考えるというと，たしかに命令法といったようなものに相当する。Entschuldigen Sie! とか Sprechen wir nicht mehr davon! とかいったような，即ち Sie と wir の場合の如きはたとえ形式主義の文法に於ても「命令法」の一種として教えた方が zweckmäßig なほどですから，命令法と第一式接続法の此の種の用法との間には，意味形態上の区別は存しないと云って好い。現に *Esperanto* ではそうなっていて，<u>命令法にも，また私の所謂『要求話法』なるものにも，共に *-u* の語尾を用いています</u>：

mort-i = sterben	
mort-u !	Stirb! Sterbt!
li mort-u !	Er sterbe!
vi mort-u !	Sterben Sie!
ni mort-u !	Sterben wir! Laßt uns sterben!
mi mort-u !	Ich will sterben! Stirb, du!
ili mort-u !	Sie sollen sterben!

<u>人工語の合理的立場からは，かくの如く，『一意味形態に対しては必ず一文法形態を』という方針が必要になってきたわけです。</u>此の点，エスペラントの創始者は，私の所謂『意味形態から出立して文法形態を』という Methode を大摑みに力強く実行しています。―― 同時に上表のドイツ語訳の方を御覧になればわかる通り，習慣と伝統で固まった既成言語というものの如何に厄介千万なことよ！エスペラントでなら単に -u で片づく意味形態を，或いは「命令法」（stirb! sterbt!）を用い，或いは接続法（Er sterbe!）を用い，或いは，接続法の形態上の不備を補わんがために「倒置法」（Sterben Sie! Sterben wir!）を用い，或いは lassen という助動詞を介して命令法を用い（Laßt uns sterben!）或いは話法助動詞（Sie sollen sterben!）を用い，それら凡てが単に習慣と伝統と，それから ―― これが困るので

すが ── 文法形態の欠陥から来ている！

こういう風に見てくると，とにかく『命令・号令・要求・要望・願望』などという方向に属するはっきりとした意味形態の一分野が存在することがわかると同時に，或いは命令法と呼び，或いは接続法と呼ぶところの文法形式は，そうした意味形態を表現する多くの手段中の単なる一手段に過ぎないという事も納得されましょう。

【『接続法の詳細』，第二篇「意味用法を主とする詳論」，第三章「要求話法」，154-155 ページ，イタリックと太字関口，波下線佐藤】

/////////////////////////////////////

類語一括を主語とする場合における定形

どの国語でも，言葉には言葉だけの辻褄［つじつま］があって，たとえ意味には大した関係がなくても，言葉は言葉だけで其の辻褄を合わせようとする傾向がある。すなわち，最初は，事柄を明らかにし意味を明瞭ならしめんがために創られたはずの言葉の辻褄が，もはやそのような必要の一向存在しない所においてもなお且つ，其の権利を主張してやまないのである。そうした言葉の辻褄，すなわち，意味とは必ずしも必然的な関係のない「言語だけの論理」は，その語その語によって大変ちがっているが，印欧系諸語に特有な奇癖は，たとえば動詞で言えば時制の一大系統，人称変化，等々である。また，ここで問題になる定形の単複なども亦その一つである。Der Vogel fliegt と Die Vögel fliegen とでは「飛ぶ」という動詞の形がちがう。<u>これがエスペラントであったら，La birdo flugas ; La birdoj flugas で，動詞の形は少しもちがわない。またそれで何の不便もない。</u>

【『冠詞』，第三巻「無冠詞篇」，第七章「対立的掲称 (4)，類語の対立 (2)」，359 ページ，波下線佐藤】

大岩信太郎氏は「関口文法とエスペラント語の関係」について，興味深い主張を述べている。以下に引用したい。

「関口文法の基礎となっているものに二つあると私は考えている。一つはヨーロッパ諸語についての関口氏のきわめて該博な知識であり，他の一つは人工語エスペラントからの影響である。」

【大岩信太郎：「関口文法とエスペラント」，所収：大岩信太郎『ドイツ語のこころ』，三修社 1997, 81-108 ページ：本引用は 82 ページ，波下線佐藤】

「次に関口文法のもう一つの基礎になっていると思われるエスペラントについてであるが，他の外国語についての知識が，主として単に個々の文法現象の解明に役立ったのとは異なり，関口氏はこの人工語から，より高次元のところで強い影響を受けているように思われる。

関口氏がエスペラントという人工語になみなみならぬ関心を示し，これをきわめて高く評価していたことは，氏の数多くの著書の中で，たびたびエスペラントの例を引用するだけでなく，この人工語の創始者 Zamenhof に敬意を表していることによって明らかである。関口氏はいわゆるエスペラント運動には直接参加せず，その関心は専らエスペラントの語学的な面にのみ向けられていたようであるが，氏はこの人工語の中に，Zamenhof の言語観，自然語に対する批判を読み取っていたに違いない。……

…… この言語は，人類の相互理解，世界平和を実現せんとしてつくられた世界共通補助語であるが，これを純粋に語学的に見ると，ヨーロッパ諸語のもつ欠陥に対する Zamenhof の批判であり，言語はいかにあるべきかという主張でもある。そして何よりも関口氏に感銘を与えたのは，意味形態より出発して文法形態へという方法論であり，一意味形態を一文法形態で表わすという原則だったのである。文法形態の背後にひそむ意味形態の存在を，関口氏はエスペラントから学んだのではあるまいか。」

【同所，84 ページ，波下線佐藤】

「…… この革命的ともいえる三話法 ［＝「要求話法」，「間接話法」，「約束話法」］による接続法の体系づけを，関口氏はまったく何のヒントもなしに考えついたのであろうか。ここにはエスペラントからの影響を無視することはできないと私は考える」。

【同所，90 ページ，角カッコ補足と波下線佐藤】

「...... エスペラントは一音は一字母で，一概念は一語で表わし，また一つの意味形態は一つの文法形態で表わすことを原則としている。」

【同所，97 ページ，波下線佐藤】

「関口存男氏がエスペラントに通じ，これをきわめて高く評価していたことは，これまでの関口氏の著書からの引用によって明らかであろう。」

【同所，106 ページ，波下線佐藤】

㉒ 日本語との対照

関口の著作には，ドイツ語の文法現象が「日本語との対照」という観点から説明されている箇所がある。「日本語文法」にとっても興味深い卓見を含んでおり，以下にそれを並べてみる。

(1) 日本語では「規定する」語が「規定される」語の前に置かれる

「規定」について，「日本語との関係」から次のように述べられる。

ここで，そもそも規定（限定）という根本概念にはっきりとした意味を授けるために，筆者の三十年来の主張たる定形中心論から見た「規定」ということばの用い方を，拙著「新ドイツ語文法教程」（226 頁，第 229 項，改訂版 221 頁，第 231 項）「文末動詞群の配語法」に結びつけて，次のように説明したいと思う。太文字の部が細文字の部を「規定」している：

Glasscheibe　　　　　　　ガラス / 板

der Gipfel **des Berges**　　山の / 頂

Ich komme	私は / 来る
in dem Zimmer	部屋 / の中で
Lauf schnell!	速く / はしれ！
spazieren gehen	散歩に / ゆく
wollen können	欲することが / できること
können wollen	出来ようと / 欲すること
gesehen werden	見 / られること
wird gesehen	見 / られる
hat gesehen	見 / た

この表は何を証するか？「**日本語では，規定する方の語はかならず規定される方の語の前に置かれる**」ということを証する。それに反して西洋語はでたらめである。

以上の表には，更に文章関係をも加えて，主文章と副文章との諸種の組み合せ，並びに Er spricht deutsch, sagt Marie 等の移轍［いてつ］をもならべてみるならば，関係はさらにはっきりしてくる。日本語では副文章は必ず主文章よりも前に来る。それは規定する部分は必ず規定される部分の前に来るのが日本語の語順の原則だからである。［注：「移轍」について詳しくは本巻第二部，127-132 ページ「**⑨ 移轍**」を参照］

この原則には，さらに一つの重要な条件をつけ加えねばならない。また，その重要な条件をつけ加えてはじめて日本語なるものの重要性が裏書きされると同時に，そもそも言語形式なるものの（たとえそれが火星人の言語であろうと）必然的に採らざるを得ない範疇的な内面機構（これが一切の意味形態の基礎的意味形態である）を究明する上の唯一の手掛かりが提供されるのである。それはどんな条件か？

「規定する部分が必ず規定される部分の前に来るのが日本語の語順である」という定義には，更にもう一つ重要な規定を附加する必要がある。それは「何等の錯構もなく」という規定である。即ちこういうことになってくる：「規定する部分が，何等の錯構もなく，機械的に規定される部分の前に置かれるのが日本語の語順である。」［注：「錯構」については，本巻第一部「**② 人類共通の『意味形態』**」中の囲みの説明（28-29 ページ）を参照され

たい]

「否定」ということに対する哲学的見解を持たない人にとっては少し鬼門かもしれないが，—— <u>否定は動詞よりも，時とすると定形よりも更に基礎に横たわる現象である</u>，だからこそ世界中の哲学者が束になって掛かって行ってもいまだに解決できないでいるのである —— 如上の定義を最も端的に証明するのは，日本語では「...... ない」という語が文章の最後尾以外の如何なる位置にも置かれ得ないという厳然たる事実である。......（中略）...... 要するに日本語では「私はドイツ語を話さ<u>ない</u>」，「君の云うことは私にはちっともわから<u>ない</u>」等々，「ない」はかならず文末に来る。「ない」よりも後に来るのは「かった」，「であろう」，「由」等，考えようによっては其の文のもう一つ基底に置いて考えてもよいような，言わば第二の文章として拡充解釈できるような意味のことばばかりである。

これから見ると，否定詞に関する限り，西洋語はすべて錯構を採用しているわけである。たとえば不定形で nicht **kommen**（**来** / ない）と云えば，形式的にはまるで nicht が副詞で kommen を規定しているかのような関係に置かれている。これは（否定という現象についてよく考えない人にはちょっと納得が行かないかも知れないが）表現法が逆で，日本語の「来ない」（「来」が「ない」を規定している）の方が正構である。

【『冠詞』，第三巻「無冠詞篇」，第十一章「錯構」，544-545 ページ，太字関口，角カッコ補足と波下線佐藤】

(2) 「馬鹿<u>も</u>休み休み言え」

関口の言う「反射的掲称」については，本巻第二部の「① 言語について」で触れた（参照 97-98 ページ）。関口は『冠詞』第三巻，第三章でさらに「概念を一般化する反射的掲称」という項目をたてて，まず次の二つの例文を挙げ（158-159 ページと 160 ページ），それぞれ Dinge と Sohn がなぜ無冠詞であるかを説明する。

Wie etwas Unbegreifliches erschien es mir plötzlich, daß man <u>Dinge</u> so völlig vergessen kann. *(Schnitzler: Die Frau des Weisen)*

そも物事を斯うも完全に忘れることもあるものかと思って，私は自分ながら愛想が尽きてしまった。

<u>Ein Sohn</u>, welchem Eltern und Geschwister gleichgültig geworden sind, ist <u>Sohn</u> gewesen. *(M. Stirner: Der Einzige und sein Eigentum)*

両親も兄弟姉妹も捨てて省みなくなってしまったような息子はもはや息子ではない。

第一の例文 Wie etwas Unbegreifliches ..... について，次の説明が続く。

意味形態論的究明は追々のこととして，まず第一に注目していただきたいのは，独文とその邦訳との関係である。訳というものは，部分的な意味よりは，むしろ文の勢を伝えることが第一義である。上の訳には plötzlich に該当する語もなければ Unbegreifliches も訳されていない。しかし Guten Morgen を「お早う」と訳するのがほぼ妥当であると同じ程度に ―― そうかと云って別に Guten が「オハ」で Morgen が「ヨウ」だというわけでもないのであるが ―― Wie etwas Unbegreifliches erschien es mir plötzlich を「私は自分ながら愛想が尽きてしまった」と訳するのは，そう見当の外れたデタラメ訳ではないのである。他のすべての場合においても，筆者は意識して「見当の外れないデタラメ訳」を提示するように努めている。

ところでさて，次の [daß man] Dinge so völlig ...... 云々のところになると，こんどは話が少しちがってくる。この方は「そも物事を斯うも完全に ......」と訳して，しかもこれは文字通りに平行し，達意眼目もピタリと一致し，おまけに（ここが重要であるが）発音する際の力点の配置も原文と平行しているのである。即ち，独文の方を発音する際に，Dinge にはさほど力を入れず，次の so völlig 以下にはそれだけますます力を入れて発音しなければならないのと全然同じように，日本語の方も，「そも物事を」というところは，言わば次の「斯うも完全に ......」云々に力を入れるための準備段階であるかのごとき中途半端な力を以て発音される。此の「力の関係」は，今後の説明を理解する上に非常に重要になってくるから，特にはっき

りと感じ取って頂きたい。

人間の身体の動かし方にも，こういう二段関係がある。たとえば重い手斧を一打ち打ち下ろすには，まず以て其の斧を高く振り上げなければならない。それは，本来の運動たる「一打」（Schlag）に「機 [はず] み」（Schwung）をつけるための準備運動であって，ドイツ語ではこれを Ausholen という。zum Schlag ausholen というのがそれである。……（中略）…… そこで，この関係を比喩的に Dinge so völlig vergessen kann（そも物事を斯うも完全に忘れることもあるものか）の力点問題に置き移して，<u>Dinge</u>（そも物事を）を <u>Anlaufnahme</u>（助走）と呼び，次の <u>so völlig vergessen kann</u> を <u>Das zu betonende Worauf des Ankommens</u>（強調せんとする達意眼目）と仮に呼ぶことが許されるならば，今後の論述にとって甚だ便利である。

次に注目すべきは，Dinge が「そも物事を」或いは「およそ物事を」と解釈される点である。此の「そも」，「およそ」は，概念的に云えば「一般化」である。ところが —— 此処にこの現象の特異な点があるのであるが —— <u>「一般化」ということは，普通の場合ならば大抵達意の重点において行われる現象であるのに，此の場合においては，それが，達意の重点においてではなく，その一歩手前の Anlaufnahme</u>（助走）において行われている。この事は特に注目しなければならない。

【『冠詞』第三巻「無冠詞篇」，第三章「反射的掲称」，159 ページ，角カッコ補足と波下線佐藤】

次に重要なことは，以上の考察から当然の結果として帰結される「達意眼目の重点」が Dinge の一語を外れた他の部分に存在するという事実である。このことは，たとえば日本語の「そも物事を斯うも完全に忘れることもあるものか」というのを，「そも物事を」を取り去ってしまって単に「斯うも完全に忘れることもあるものか」と言っても大意はちっとも変らないのを見てもわかる。独文の方もほぼ同じである。daß man so völlig vergessen kann は少しおかしいけれども Dinge の代りに代名詞 etwas を用いて daß man etwas so völlig vergessen kann と云ってみれば，達意眼目には一点の狂いもないことがわかる。してみると <u>Dinge</u> というのは，

一見すると実内容を持った「名詞」のようでも，達意眼目から云うと，単なる「場所ふさぎ」（Füllsel, Füllwort, Lückenbüßer）の代名詞にすぎなかったという事実までついでに暴露する。これは今後の検討を理解する上に非常に重要である。

【同所，160ページ，波下線佐藤】

本項の最初に挙げた二つの例文のうち，二つ目の Ein Sohn, welchem Eltern und Geschwister gleichgültig geworden sind, ist Sohn gewesen. については，関口は次のように説明する。

この場合にも，前の Dinge に関して述べたことが，些かの変更もなく，そのままごっそり当てはまるという点に注意してもらいたい。まず Sohn gewesen は，むしろ Sohn g e w e s e n と隔字体を用いる方が此の場合としては普通の書法である。というのは，この ist gewesen は，普通の現在完了ではなく，「完了的現在完了」（拙著，新ドイツ語文法教程，117，改訂版 119）であることは明瞭であり，完了的現在完了は，必ず特に強調するのが通念だからである。そうだとすれば，Sohn の方は g e w e s e n を力説強調せんがための単なる助走部（Anlaufnahme）であるにすぎない。

それから Sohn は，「単なる代名詞としてしか感ぜられなくなった名詞」（ein zu einem bloßen Hilfswort verblaßtes Substantiv）であることは，直前に Ein Sohn があり，その後を受けているのであるから es で換置しても一向さしつかえないという関係を考えれば明瞭である。

【同所，160ページ，直下線関口】

結論として，上例の（二つ目の）Sohn は，前半で達意の重点となっている Ein Sohn に即応する「**受け言葉**」であり，「概念を一般化する反射的掲称」として「**合言葉**」となるから「無冠詞」，ということになる。

もう一つの例文にあった Dinge の場合は，前半に「達意の重点となる名詞が**無い**」にもかかわらず「**受け言葉**」，すなわち「合言葉」として「無冠詞」となる。これは，「事（Dinge），人間（Menschen）その他は，そも人間の語る言

186

語においては暗黙裡に叙述の主題目概念を成していると考えられるから，軽く受け言葉として反射することがある」(『冠詞』，第三巻，179 ページ，波下線佐藤）からである。Dinge の無冠詞について詳しくは，『冠詞』第三巻，179-180, 186-189 ページを参照されたい。

さて本項で注目したいのは，関口が「反射的掲称による無冠詞」についての説明に続いて，この現象をより良く理解するために，**日本語の助辞「も」を導入**する点である。

以上の Dinge や Sohn に平行した場合を，われわれにとって最もわかり易い日本語に例を取って考えてみよう。この例は，日本人ならばすぐ実感を以て肯定し得る例ではあるが，さてその意味形態的説明となると，わたしはまだ試みられた例を聞かない。ドイツ語の場合と同様，これは国語学者にとっても相当の難問ではあるまいかと思う。

問題は，次の諸種の場合に共通な「も」という助辞の用法である。此の「も」を，もし外国人に対して其の用法を説明しなければならないとしたら，国語学者は，どんな説明をするであろうか？日本人はすでに語感があるから，説明が下手でも上手でも，そんなことに係わりなく，現象は現象として充分にわかる。しかし，あまり語感のない外国人にわからせるとなると，さあ大変である。その時に及んではじめて国語学者にも世界的水準に立った頭が要求されるであろう。

> 夜もだいぶふけてまいりました。
> お正月もいよいよ今日でおしまいです。
> 男もこうなっちゃあモウお仕舞いだね。
> 酒もたまにはよかろう。
> 馬鹿も休み休み云うが好い。
> 渡辺さんも人がわるいよ，そんな冗談を云うなんて！
> [注：例文はこのほか四つ挙げられている]

こんどは問題が日本語であるから，筆者がいったいどんな現象に対して読者の注意を向けようとしているかが，はっきりとわかる筈である。前にDinge と Sohn に関して述べる際に用いたのと同じ概念をこれにあてはめて考えてみよう。そうすれば，ここに導入せんとする新概念の意味すると

ころが，更に一段と明確になってくるであろう。

これらの「も」は，文章論的に言えば，だいたい主語一格，及び目的語四格に該当する語局に立っている。たとえば「男もこうなっちゃあモウおしまいだ」にあっては「男も」は論理的には主語と考えられ，「馬鹿も休み休み言え」においては目的語である。すると，まず，こういう風に考えると問題の焦点がハッキリと浮かび上ってくる：「男は，こうなってはモウおしまいだ」とか「馬鹿を休み休み云え！」とか云うとしたら，意味がどういう風に変ってくるか？

日本語の「て・に・を・は」も，「意味」というものは持たず，単に「意味形態」だけしか持っていないという点で，外国語の「冠詞」という現象にそっくりなところがある。只今の差を，さきほどのドイツ語にそのまま移すとしたら，斯ういうことになる：もし[無冠詞であった Dinge と Sohn に冠詞をつけて] daß man die Dinge so völlig vergessen kann とか，ist ein Sohn gewesen とか云うとしたら，意味ないし感じがどういう風に変ってくるか？

此の二つの問は，全然同じ問である。従ってそれに対する答も全然同じでなければならない。その答というのは斯うである：もしそんな事を云うとしたら，それは少し間の抜けた，バカみたいな日本語であり，バカみたいなドイツ語である。

平行関係は，もっと詳しいところにもある。「馬鹿を休み休み云え！」と云うとしたら，達意眼目の重点が「馬鹿」の方に半分以上移動してしまう。ist ein Sohn gewesen の場合も同様で，ein を用いると，Sohn という名詞が相当程度達意内容を持っているかのような錯覚が生じてくる。これは両方とも甚だ不妥当で，本来意図されていない（即ち達意眼目をそれた）妙な脇道へ吾人の思惟をそらして，達意眼目のピントを複雑にぼやかしてしまう効果しかない。達意眼目というものは，レンズの焦点のごときものであって，単一な一点である。二点であってはならない。「馬鹿を休み休み云え！」というと，達意眼目が二所に分岐するのである。「休み休み云え！」だけに焦点がなくてはならない筈で，「馬鹿」は，言わば有っても無くてもよい埋め草で，一種の代名詞的要素にすぎない筈であるのに，「馬鹿を」

というと，忽ちにしてこれが伝達の一重要用件と化してくるのである。それでは達意眼目が歪んでしまう。（ドイツ語にはこうした達意眼目の歪みを形容する abwegig「本筋を外れた」という好い形容詞がある）

......（中略）......

<u>文というものは，発音の勢いから構成されるものであり，達意眼目と用件の焦点は発音の勢いに於て最も端的に顕れるもの</u>であるから，先きに述べた場合と同様に，こんども，感情をこめて此の「馬鹿も休み休み云え！」という句を心の中で，或いは口に出して発音してみるがよい。「馬鹿も」は「休み休み言え！」に勢いを授け弾みを附けんがための助走に外ならない。其処に全然アクセントがはいらないというのではない，全然力のはいらない助走は助走としての効果がないのと同じように，「馬鹿も」の部にも力は相当こもらなければならない。けれども，助走というものは妙なもので，力がぬけてはいけないが，あまり力を出し切ってしまっては，これまた目的に反するのである。此の，強すぎてもいけない，弱すぎてもいけないというむつかしい註文，ここに「馬鹿も」という句の発音の微妙な点がある。日本語をほんとうに語感で理解していない外国人などには，この句は，なかなか適当なアクセントを入れて発音することは困難であるにちがいない。

【同所，161-163 ページ，直下線関口，角カッコ補足と波下線佐藤】

(3) 日本語にも定冠詞が生じていたかもしれない

関口は『冠詞』の第一巻「定冠詞篇」において，定冠詞を，(1)「指示力なき指示詞としての定冠詞」，(2)「通念の定冠詞」，(3)「形式的定冠詞」の三つに大別して論じる（例えば，「定冠詞一般に関する見通し」，8-9 ページを参照）。

第一の「指示力なき指示詞としての定冠詞」という名称については次のように述べられる：「平ったく云えば，『その』であってしかも『その』に非ざる『その』を指す名称であると思っていただきたい。実用の見地からは，むしろあっさりと**『其の』でない『其の』としての定冠詞**と呼ぶのが便利ではないかと思

189

う。」(『冠詞』, 第一巻, 33 ページ, 太字関口)

さて関口は,「指示力なき指示詞としての定冠詞の特徴」の一つとして「訳出法に二種あることがその特質を語る」として(参照:『冠詞』, 第一巻, 276 ページ), 以下のように説明する。

[A] 直訳文語調では, 定冠詞に該当する「此の」,「其の」,「あの」等を要しないことがある:

> Burgen mit hohen / Mauern und Zinnen, / Mädchen mit stolzen / Höhnenden Sinnen / Möcht' ich gewinnen! / Kühn ist das Mühen, / Herrlich der Lohn!
> *(Goethe : Faust I)*
> 難攻不落の / 金城湯池, / 男を侮る / 巷の婦女子 / 抜きてしやまむ, / 挙たるや勇壮, / 果たるや至妙。

此の Kühn ist das Mühen, / Herrlich der Lohn は, なんなら「努力は大胆にして報酬は至妙である」と云ってもよかろう。いずれにしても, 多少調子の張った邦語では, こうした場合には必ずしも「その労力は」とか「その報酬は」とか云って指示力を暗示する必要はなく, 単に「努力は」とか「報酬は」とか云っただけで既出の事柄を充分に「受ける」ことができるという事実は, 此の指示力なき指示詞という意味形態の一面を把捉する上に重要である。只今のは極端な例であるが, もっと普通の場合を考えてみても,「区別はすこぶる微妙である」(Der Unterschied ist ein sehr subtiler)を「その区別は ......」の代りに用い,「問題は延引を許さない」(Die Sache leidet keinen Aufschub)を以て「此の問題は ......」に代え,「時刻は眼前に迫った」(Der Augenblick war da)を以て「その時刻は ......」に代え,「答はすこぶる簡単である」(Die Antwort ist ganz einfach)を以て「その答というのは ......」に代え,「意味は充分わかるが」(Der Sinn ist zwar deutlich genug)を以て,「その意味は ......」に代え,「結果がまだ判明しない」(Das Ergebnis steht noch dahin)を以て「その結果は ......」に代え, ...(中略)......とにかく「此の」とも「その」とも云わないで, しかも何を指しているかがはっきりとわかる場合が非常に多いが, これらに共通な意味形態を把捉すれば, 指示力なき指示詞としての定冠詞という場合の**「暗示」**力が明確に意識に迫るであろう。如何となれば, 既に定義した通り, 定冠詞は, そ

の次に置かれる名詞によって示された概念が，何等かの意味において既知と前提されてよろしいということを「**暗示**」するのが本質であって，「**明示**」するのではないから，此の場合もまた問題は主として其の暗示力である。指示詞 dieser などとの間の区別を非常に重要視したのも，此の点を強調せんがためであった。

[B] 大抵の場合は「此の」，「その」その他の語をもって訳出しないと好い日本語にはならない：

こんどは，一見，上に述べたことを覆すようなことになるが，調子の張った文語調は必ず如何なる場合にも適当とは云えない関係上，必ずしも上述のような手法で訳出するわけにはいかないのが，邦語駆使上の語感である。たとえば次のような場合を取って考えてみよう：

> Schon wichtiger sind einige Lagerstätten von Platin, zumal das weiße Metall ja nur an wenigen Stätten der Erde vorkommt. *(ZEITUNG, 1934)*
> 白金の出る所が所々にあるが，白い金属は（！）地球上ごくわずかしか産するところがないだけに，此の方は相当注目に値する。

こうなると，不妥当の程度を通り越して，もはや誤訳と云われても申し訳の方法がないであろう。das weiße Metall の das を「素朴全称概念の定冠詞」の如く考えると，ニッケル，アンチモニー，錫，白金その他，いやしくも白色をした金属全部を含むことになってしまうが，そうではなく，das は指示力なき指示詞の意味形態であるから，das weiße Metall は何等かの既出のもの，即ち Platin を「受け」て別な語で換言したものにすぎない。こんな場合には，das weiße Metall は，せめて「此の白い金属は」とでも云わないと日本語にならない。……

かくの如く，或る種の場合には全然何等の指示詞も用いずに訳出できるが，或る種の場合にはどうしても「此の」または「その」を要するというのは，どういうわけであろうか？　その理由はごく簡単である，即ち，ドイツ語の方には「指すともなく指す指示詞 der」というものが一語として存するに反し，日本語にはそれが無いから，日本語でその der を訳出しようと思えば，「指さずにおく」か「指す」かの二つの道しかないのは，およそわ

かりきった帰結である。

ところが，茲に一つ，非常に興味ある事実があって，此の事実に深く注目すると，同時にまたドイツ語その他の国語において，<u>定冠詞というものが凡て指示詞から由来した経路も明瞭にわかり</u>，従って<u>此の「指示力なき指示詞としての定冠詞」が</u>，<u>あらゆる定冠詞の用法中，歴史的に云っても恐らくは最も古いものではなかろうか</u>という臆説が心理的に証されるのである。

その興味ある事実というのはこうである。der を訳する場合の「その」または「此の」という日本語は，ごく粗雑な考え方（二つの意味形態を混同するのは粗雑な考え方である）をすると，dieser と同じような力を持った指示詞のごとく考えられるけれども，局部的な「語」だけを考えて空転する一般抽象論をやめて，文脈と文意とに意識の焦点（Fokalbewußtsein）を向け，語は単に縁端意識（Randbewußtsein）を以て横眼に睨むという行き方でもって，たとえば前出の

Kühn ist das Mühen 　　<u>その</u>労力たるや果敢なり

の「その」をよく睨んでみるがよい。たとえば次のような文脈における「その」とは全然別物の「その」であることがすぐにわかるであろう：

「そうだそうだ，<u>その</u>努力が無くてはね」

これは，相手の男が何か苦心談のようなものをしたときに，相槌を打って云うことばである。此の際の「その」は，これが本当に何かを指す「その」で，初めから度々問題にしている所謂「指示力」というものを持っている。ところが「その努力たるや果敢なり」の方の「その」には，そんな所は些かもない。だいいち此の「その」には強いアクセントが置かれてはならない。それがつまり調子の上った文語調なのである。

同じことが（こんどは「代名詞」の話に変るが）「それに非ざるそれの es」，即ち指すともなく指す es についても云える。Es war ein stiller Sommerabend を「<u>それ</u>は静かな夏の宵のことであった」と訳するとすれば，この「それは」は，たとえば人が何か珍らしい物を持っているのを見て「それ

192

はいったい何ですか？」と問う際の「それは」とは全然別物である。だいいちアクセントを持たない。そしてアクセントを持たないことによって調子が詩的になるのである。

以上の話によって，いやしくも語感というものの多少ある人は，そうした調子のあがった「それ」や「その」が日本語にあって，普通の「それ」，「その」とは語感が全然ちがった別タイプのものであることを感ずるであろう。

私の結論を手っ取り早く云うと斯うである：日本語には定冠詞というものはないが，その最初の「きざし」は此処にもうちゃんと発見される。然り而して近世ヨーロッパ語の定冠詞も恐らくは同じような経路を辿って指示詞から派生したものであろう，と。

否，大胆な想像を敢えてするならば，もし日本語の「その」がもう少し軽く発音できる形，たとえば単に「そ」であったとしたら，或いは日本語にも定冠詞というものが生じていたかも知れない ...... とすら云いたい位である。

【『冠詞』，第一巻「定冠詞篇」，第一篇「指示力なき指示詞としての定冠詞」，第七章「前文の既出概念または当面問題になって来た概念を換言する場合［一般論］」，277-279 ページ，太字と直下線関口，波下線佐藤】

(4) 日本語はすべてを「音響」に，ドイツ語はすべてを「方向」に

具体動作と hin-

「なお良く見ると，それは自分の妻君だった」などと云うことがある。これを独訳させると大抵の日本人は Er sah genauer und fand, daß es seine Frau war と云うだろう。これは間違いで，Er sah ではなく Er sah hin である。即ち Er sah genauer hin und fand, daß es seine Frau war でないと正しいドイツ語にはならない。Er sah genauer auf die Dame und fand ......と視線の向く方面を具体的に示すならば hin はなくても差し支えないが，それがない場合には，それに代る hin が無いとドイツ語にならないのである。たとえ auf die Dame があっても hin を附け加えることが多い。──「か

れは転んだ」も同様で，Er fiel auf die Erde とか Er fiel auf den Boden と云うなら，なんなら hin は無くてもよろしいが，そうした方向規定がない場合の「かれは転んだ」，「かれは倒れた」は必ず Er fiel hin であって，Er fiel ではない。……（中略）…… ── 誰か遠方で自分の名を呼んでいるなと思うと，誰でも「聞き耳を立てる」（horchen）が，これも Ich horchte auf die Stimme というならそれでよいが，auf die Stimme がなければ Ich horchte auf 或いは Ich horchte hin でないと独文にならない。hören も同様で，今ラジオで何と云ったかと訊かれて，「さあ，よく聞いていませんでしたが……」と答える場合は当然 Nun, ich hörte nicht so genau hin 或いは Nun, ich habe nur mit halbem Ohre hingehört である。Ich habe <u>gehört</u> というのは，ほとんど Ich habe erfahren または Ich habe mir sagen lassen または Man hat mir erzählt というのと同じで，その次には daß …… が要求され，これはもはや耳と聴覚を以てする具体動作ではなくなるのである。──「書きなさい！」と云って命ずる場合でも，Schreib' es auf dieses Stück Papier! とか Schreib' es in dein Heft! とか云うのはよいが，紙とも手帳とも云わない時には Schreib' es bitte hin! とか Schreib' es nur ruhig hin!（好いからそう書きなさい）であって，Schreib' es! とは絶対に云わない。もっとも相手がどうしても書かなければ苛立って So schreib' es doch! とか So schreib' es doch bloß! とか云うことになろうが，これは schreib' という語を特に強く発音するから hin が不要になるので，<u>普通は hin の方へアクセントを持ってゆくから，どうしても hin がないとおさまりがつかない</u>のである。──「かれは腰掛けて話しはじめた」も Er setzte sich auf den Stuhl und begann zu erzählen 或いは Er setzte sich hin und begann zu erzählen であって，Er setzte sich und begann zu erzählen は，<u>すくなくとも本当の好いドイツ語ではなく，語感の欠如した外国人の作るドイツ語</u>である。──「かれは指さした」も，Er zeigte auf das Fenster とか何とか云わない場合は必ず Er zeigte hin；Er wies hin；Er dutet hin である。……

もっとも，少し激しい勢いのよい動作は zu になる。待ってましたとばかり手を出して掴むのは Er greift zu であり，打って掛かるのは Er schlägt zu である。しかしこれからは特殊な動作相になるから茲では取り扱う範

囲ではない。

要するに，ここにそもそもドイツ語なるものの特有性の最も重要な一つが
あると云って好い。即ち，<u>ドイツ語の語感は，動作の「指向性」というも
のに対しては他の如何なる語の語感よりも敏感</u>で，いやしくも何等かの指
向性を有する動作は，その指向性を auf-, zu-, hin-, her-, über-, um-,
ein-, ab-, an- その他の何等かの語によって示さないでは，どこか気がす
まないのである。最も極端な場合では，指向性表現がありさえすれば，動
作表現はなんなら無くてもよい位である（Ich muß hin；Heraus mit der
Sprache!）。また，指向性の無いものにすら，主観的に指向性を創り出し
てしまう（Das Kind blickt gar unschuldig <u>in die Welt hinein</u>「子供はキョトン
とした顔をしている」）。指向性のない動詞をも指向性動詞に変えてしまう
（Du wirst dich noch <u>auf die Straße</u> trinken! などの「搬動語法」）。—— <u>これら
凡ての「指向性意味形態」への入門とも称す可き基本文法が只今の hin の
場合</u>である。

或る種の場合を日本語と比較して考えてみると，日本語の言霊［ことだま］
とドイツ語の言霊との対立が，まるでスポットライトに照らされたように
浮かび出る。たとえば日本人ならば「ゴロンと横になると，すぐに眠り込
んでしまった」というところを，ドイツ人は Ich legte mich <u>hin</u> und
schlief bald ein と云う。日本語はゴロンで，ドイツ語は hin である。<u>日本
語はすべてを音響に改変し，ドイツ語はすべてを方向に改修する。日本語
は音楽であり，ドイツ語は幾何である。一は朗々たり，一は劃然たり。一
は歌い，一は指している。一は流れ，一は飛ぶのである。日本語は自然と
共に鳴りひびく，ドイツ語は意識と共に直進する。</u>茲には「鳴ることば」
と「動くことば」との対立が発見される。

【『冠詞』，第二巻「不定冠詞篇」，第三章「単回遂行動作と独逸語」，125-126 ページ，太
字と直下線関口，角カッコ補足と波下線佐藤】

(5) 外交的接続法（または婉曲話法）と日本語

…… たとえば，『もしそれが貴君の感情を害するような事さえなければ，

私としては多少異論を唱えたいのですが』（Wenn es Sie nicht kränkte, so wäre ich anderer Meinung）と云うならば，これは前提部も結論部も立派に完備していますから，これが 271 頁に述べた『単なる辞令としての約束話法』でありますが，これは Wenn 云々を除いて，『私は多少見解を異にする者でありますが』という意味で，

Ich *wäre* anderer Meinung.
僕の考えは少し違うんですけど。

という事も出来ます。そうするとこれが今から述べようとする *Conjunctivus diplomaticus* になってくるのです。

但し，斯ういう風に形式的に説明するというと，非常にわかった様な気持がするかも知れませんが，それと同時に一方欠点をも伴います。というのは，「省略形である」という説明ではすべてそうですが，省略形と云うと如何にも「本当はもっと完全に補われなければならない筈のものである」という考え方が先に立って，「省略とはいうものの，それは単に説明法に過ぎないのであって，実際は省略などと云うにしては余りにも独立性を有する，一つの立派な現象である」という方面が看過される恐れがあります。論理的メトーデと現象学的メトーデとの相違は斯うした所に最も露骨に現れてきます。

これを現在の場合にあて嵌めて申しますならば，Ich wäre anderer Meinung（僕の考えは違う）という句を聴いて，『ああ，これはつまり約束話法の単なる辞令に用いる場合の奴の Wenn-Satz を省略したものだ！』といったような論理的なわかり方がしたのでは，今私が述べようとする外交的接続法なるものの本質はまだちっとも摑めていないと云って差し支えないのであります。ではどうしたら本当に摑めたのかと申しますと，そんな内部のからくりや，他の場合との系統的連関や，理屈じみたことは寧ろちっとも腑に落ちなくてもよろしい，理窟はどうにしろ，とにかく『さあ，僕の考えは少し違うんですがねえ ......』といったような場合に，Ich bin anderer Meinung と云う代りに，Ich wäre anderer Meinung ということを実際云うのだ，つまり理窟の如何に拘わらずとにかくそういう現象がドイツ語に実際あるのだという事がわかる ...... これを『本当に摑む』と云うので

あります。そういふ風にわからせ，そういう風に系統づけること，これが
意味形態論なのであります。

では，この外交的接続法なるものを，一つそういう風にわかる可く努めて
みましょう。そのためには先ず意味形態の輪廓を劃さなければなりません。

一たい日本人は非常によく『…… ですが』とか『…… ですけど』という語
尾を用います。何かちょっと物を買いに行っても，『さあ，ちょっとない
んですけど』という返事を聞く。『そうですか，無くちゃちょっと困るん
ですけど』と云うと，『それはまあお困りでしょうけど』とぬかしやがる。
『ちょっと伺いたいんですが』と云うから何かと思って振り向くと番地を
訊くから『番地は私もよく知りませんが』と云って答える。うちの家内や
子供などが電話で話しているのを側で聴いていると，殆ど『が』もしくは
『けど』に終らない文章は無いと云っても好い位です。

何故こんなに一々「が」や「けど」をつけたがるのでしょう？　これはつ
まり気が弱いからです。断言しては失礼にあたると思うから，其処に多少
妥協の余地を存し，多少『色』乃至『艶』をつけ，以て鋭鋒の鋭鋒たるこ
とを多少たりとも忘れさせようという親切から来ています。こういう親切
は誰にでもあるもので，……（中略）……『では千円ばかり差し上げましょう』
と云って百円紙幣を差し出したのに対して『いや，これは百円紙幣です』
とリーダーの第一課みたいな口調で断言してしまったのでは余りアッサリ
し過ぎるから，せめて少し言い憎そうに『これは百円紙幣のようですが
……』という風に婉曲に言い廻す事によって，それが仮令［たとえ］どう
欲目に見ても百円札以外の如何なる札にも見えそうにもなく，また見えな
いのが本当であるという，この厳然たる事実に附き纏うところの絶対不可
侵性乃至不可避的露骨性を多少たりとも和らげて見せる …… そう和らぎ
はしないけれども，せめて和らげようとして此の通り誠心誠意無駄骨を
折っているのだという所をお目に懸けて，其の精一杯の努力だけでも買っ
てもらうという …… これが『が』並びに『けど』の心理であります。

だから，『これは，何だか斯う，百円みたいですけど ……』と云うと，一
見甚だ確信の無いような口調に聞こえるが，実際は，決して確信がないわ

けではないので，確信はむしろ余りにもあり過ぎるのです。あり過ぎるからこそ，力余って和らぐとでも申しますか，或いは確信あまって遂に婉曲となると申しますか，これがつまりドイツ語の婉曲話法的接続法と全然同じ心理のものでありまして，応用の実際から申しますと，気兼ねと遠慮から，露骨で直截な直接法を避けて遠廻しに云う時，或いは確信余って婉曲となる，そして大抵の場合ややともすれば皮肉に響くという，例の Litotes（弱化語法）という奴，この二つの場合があります。

日本語の場合にあっては『が』，『けど』という語尾が此の婉曲化の機能を担当していますが，ドイツ語の場合にあっては『約束話法結論部』という形式が其の機能を発揮するわけです。機能は両者とも『余韻』を響かせるという点にあります。即ち『が』，『けど』にあっては，『これは何だか斯うまるで百円札みたいですけど......』と云えば，その次には，『そうじゃありませんかしら？』或いは『それとも私の眼がどうかしているのでしょうか』とでもいったような非常に謙遜した，或いは非常に皮肉な Nachklang が嫋々たる［じょうじょうたる＝細く長く響く］余韻となって誰の耳をも擽［くすぐ］るでしょう。ドイツ語の Das da wäre ein 100-Yen-Schein! もそうで，この方は当然 wenn ich mich nicht irrte とか wenn nicht alles mich trügt（この句は直接法が普通）とか，或いは wenn es sich nicht etwa um eine optische Täuschung von mir handelte（もし仮にそれが私の眼の錯覚ではないと仮定して）といったような，凡ゆる種類の前提が余韻としてひびく。いずれにせよ，文法形態そのものに附き纏うところの或る種の『余韻』を利用して物を云うという点で両者は軌を一にしていると云う事ができます。

日本語の此の種の表現は勿論『が』，『けど』に尽きるというわけではなく，『それは少し無理ではないでしょうか』という疑問文形とか，『それは少々無理かも知れませんね』などという形とか，『それは少々無理だと思います』という『思います』の濫用とか，その他まだいくらでもあるでしょう。殊に此の『思います』という奴は非常に多い。「二に二を足したら四だろうと思います」とか，その他何だろうと思いますカンだろうと思いますと，一つ一つ思わないではいられない所に現代日本語の悩みがあるのだろうと思いますね。挨拶や講演などを聞いていると，一番おしまいの所で何々だ

と思いません文章などは殆ど一つも無いのにぶつかる事がある。殊に人前に出ると日本人は非常に気が弱くなるらしい。

此の『と思います』は，ドイツ語の ich denke とか denke ich とか glaube ich にもあたるが，婉曲という点ではむしろ ich dächte という奴にあたると云えます。(此の『と云えます』という奴とか，『というわけです』という奴なども，現に斯く云う私が少しマニーになっているようです〔注：「マニー」 Manie「病癖」〕…… そうだ，此の『ようです』も然り。なっているようですではない，断然なって**います**！) ich dächte は非常によく使います。**Das da wäre ein 100-Yen-Schein**（それは百円札ではないでしょうか）というのも，なんなら Ich dächte, das da wäre ein 100-Yen-Schein. と云うことも出来るでしょう。

【『接続法の詳細』，第二篇「意味用法を主とする詳論」，第四章「約束話法」，311-314 ページ，太字とイタリック関口，角カッコ補足と波下線佐藤】

第三部　関口存男の言葉

> 本巻の第三部では，関口存男の言葉のうち，第一部と第二部に比べて「より柔らかい」内容の随筆を紹介したい。「基礎ドイツ語」，「月刊ドイツ語」という **初級者用語学雑誌**に執筆されたものである。ここでは，『関口存男の生涯と業績』に再録されたものを参照した。

① 言語と思想
（「基礎ドイツ語」1956 年 11 月号から 1957 年 2 月号に掲載）

(1) 遅読の讃

辞典と首っ引きでポツポツ読む外国語には，その遅々たるところに，普通人の気のつかない値打ちがあります。それは，「考える」暇が生ずるということです。否でも応でも吾人を「考える」人間にしてくれるという点です。

どんな好いことが書いてあっても，スラスラと読めたのでは，マア，大した効果はありません。どんなくだらないことが書いてあっても，その数行を繰りかえし繰りかえし読まなければならないとなると，それに関係したいろいろな事をついでに考えるから，上すべりして読んでいる際には気のつかない色々な事に気がつきます。いわんや，多少くだる事が書いてある場合には，それを何度も何度も読みなおしたり，その数行を眺めたまま五分も十分も考えこんでしまったりするということは，単にそれを書いた人の真意に徹する機縁となるばかりではない，時とすると原著者の意図しなかったところへまでも考え及ぶという効果を伴います。

なさけないことには，御同様「人間」というやつは，とかく，考えないように考えないように出来ている。上すべりするように上すべりするように出来ている。スラスラ読める母国語ばかり読んでいると，うっかりすると，上すべりした，ツルツルした，平坦な人間になってしまうおそれが充分にあります。

この平坦なツルツルした意識にブレイキをかけて，否でも応でも一個所を凝と眺めて考えさせるという効果，—— 外国語をやる主な目的は此処にあるのではないでしょうか？

ほんとうは，翻訳をしてみると，なお徹底します。どんな文章でも，これを全然たちの違った日本語で云いなおすとなると，原文を正しく理解しただけではまだ駄目です。原著者と同じ気持にならなければダメです。否，時とすると原著者以上の所へまでも乗り込まないと，その同じことを責任をもって引き受けて本当に日本語で再現することはできません。そのためには，何度も何度も同じ個所を読みなおして，自分自身の考え方を叩きなおす必要が起ってくる。問題は此処です。

考える力というものは恐ろしいもので，どんなツルツルした平坦な馬鹿野郎でも，否でも応でも考えないわけにいかないように仕向けられるというと，長い年月の間には，相当いろいろな事を考えるようになります。いったん考える癖がつくと，時とすると，何かのはずみに，甚だ馬鹿野郎らしくもないことを考えて，自分でビックリすることすら起ってきます。そういう馬鹿野郎が，ひとつ間違うと，文豪になったり，詩人になったり，偉人になったりしてしまうのです。 偉人とか何とかいうのは，どうせみな，間違ってなるのですからね。一つ間違ったくらいではならないが，二つ三つ間違うと，偉人とか天才とかいった飛んでもないものになってしまうのです。間違いほどおそろしいものはない。

だから，そんな事になっては大変だと思う人は，あんまり一つのことをシツコク考えてはいけません。スラスラと，人の書いた通りに読み，人の考えた通りに考えておくのが，いちばん安心です。語学のやり方にもそんなのがある。

けれども，なんなら天才になったって構わない，と考える人は，あらゆる機会を利用して，自己独得の考え方を育成しなければなりますまい。ただし，その自己独得の考え方というやつは，自分ひとりで眼をつぶって考えていたって出て来るものではありません。人生は，たとえ大根一つ植えるのだって，最初はみんな人真似なんですから，まず人真似をしなければならない。問題は，どういう風にその人真似をするかです。

他の方面のことは知らないが，思想，文学，その他いやしくも「文」に関係のある方面のことがらは，すべて「遅読」が出立点ではあるまいか，とわたしは語学者らしい妙なことを考える次第です。

これには，私自身の体験も多分に加味されています。語学者として世渡りするためには，実のところを言えば，べつにそう大した考えは要らなかった。常識の範囲に終始し，人の考えそうな事を考え，人の言いそうな事を言うのが，これがむしろ語学の本義ですからね。―― ところが，数行の文を，ほんとうに責任をもって人に理解させようとすると，どうしても，それを一応すっかり自分の考えにするために，何度も何度も読む，或いは遅読する必要が生ずる。現に教室の語学はすべて遅読です。―― この遅読によって，わたしの頭の中には，別に語学とは当面何の関係もないような，いろいろな趣味と道楽が生じてきた。形容詞の語尾や動詞の変化とは直接大した関係はないのですが，語学を離れて，「そもそも人生というもの」が面白くなってきたのです！人は，語学の副産物というかも知れないが，副産物にしては，これはまたあまりにも本問題すぎる！「人生が面白くなった」なんて副産物は，これはもはや副産物ではない。こうなると，もはや主副を逆にして考えた方が正しいでしょう。

語学には直接大した関係はない，と云ったが，「間接」には大関係があります。ここも問題が逆になって来るわけで，**語学にとっては，直接に関係のあることよりは，むしろ間接に関係のある事の方がズッと直接に関係がある**......ということが，あとになってわかってきた！

そして，それらすべてが，外国語が遅々としか読めなかったおかげなのです。

（1956 年 11 月）

【『関口存男の生涯と業績』，306-309 ページ，太字関口，波下線佐藤】

(2) ひねれ

まず，事をハッキリ考えていただきたいが，考えをえぐることなしに，単に「人間」だけを練るなんてことができますか？「人間」から「考え」を取ってしまったら，後に残るのは「五尺の体躯」だけです。……

次に，言葉をひねることなしに，考えだけをひねるということは……たとえ芭蕉といえどもなし得なかったことだから，われわれ共のようなものに出来るわけがない。原稿一つ書くのでも，筆をとって机に向かった瞬間にあらかじめ頭の中に持っていた（或いは大抵の場合単に持っていた「と思っているにすぎない」）考えなんてものは，たとえゲーテといえども，ろくな考えではなかったろうということは，私は断言するに憚りません。それは恐らく，逆に引っくらかえったり，訂正を余儀なくされたり，混乱に陥ったり，あわてて引っこめたりするための，滑稽千万な，偶然な出立点にすぎません。蹴っ飛ばすための踏台です。—— そんな踏台を，そのまま人前に出していた日には，ゲーテはお笑い草，芭蕉は啖も引っかけてもらえなかったでしょう〔注：「啖も引っかけて」は，「洟〔はな〕も引っかけて」の誤植か？〕。

では，何が踏台を蹴っとばすか？　言葉の苦心です。何がお笑い草をゲーテにしたか？　言葉です。何がオッチョコチョイを芭蕉にしたか？言葉です。

理屈の上の順序と「事実」の上の順序とは逆です。理屈の上では，人間あっての思想，思想あっての言葉ですが，事実の上では，言葉あっての思想，思想あっての人間なのです。御存じの通り，理屈というやつは人間が考え出したもので，これは大抵の場合大したものじゃない。ところが事実というやつは，これは神さまがお作りになったもので，大したものです。前者はマア好い加減に聞いておいた方がよろしい。後者はほんとうによく噛みしめる値打ちがある。

……（中略）……

「言葉」をひねっていると「考え」がえぐれ，考えがえぐれてくると「人間」がねれてくる……これが言語と思想と人間の三位一体の神秘です。

（1956 年 12 月）

【『関口存男の生涯と業績』，309-313 ページ；本引用は 311-312 ページ，角カッコ補足と波下線佐藤】

(3) 羽目に立て！

いやに気むずかなことを言うようだが，私が語学者として最も嫌いな術語に Kontext（文脈，文の脈絡，前後関係）というのがある。なぜ嫌いかというと，科学的だからです。いやに客観的な，冷静な顔をしているからです。語学というものは憚りながら科学よりは少し上級に位するもので，こんな科学的な術語を用いるとイヤに …… 科学的になるから，それで嫌いなんです。私は「局面」，「羽目」或いは「行きがかり」という言葉を用いたい。

「前後関係」というのは，たとえば怪事件の真相を探ろうとする頭の好い刑事の眼に映じた「あとさきの事情」です。刑事なんて，どうせ大した頭でもないから，そんな頭で考えた前後関係なんか，高が知れてます。あんよはお上手，手の鳴る方へ，といって犯人がすぐうしろの所で手をたたいている。むつかしい個所に赤線を引っぱって，その個所よりもっとむつかしい顔をして原文の前後関係を勘考している語学者もだいたいそんなもんだ。

それよりも，どうしていっそ「行きがかり」に捲き込まれてみないか？犯人同様の「羽目」に飛びこんでみないか？　犯人同様の「局面」に全人格を挙げてぶつかってみないか？　行きがかり，羽目，局面というやつは，もはや前後関係とか文脈とかいったようなのんきなものではありません。前後関係は「ひとごと」です。「羽目」はわがことです。「ひとごと」となると，どんな偉い人でも頭が一人前に働かなくなる。「わがこと」ともなればどんな馬鹿野郎でも相当頭が働く。人間というものは，はなはだ勝手にできているのです。横着なんです，つまり。

前後関係と言えば好いところを，わざわざ羽目とか行きがかりとかいう底意地のわるい文法用語を用いるのは，一つはお年のせいで，口こごとがう

るさくなったせいもあるでしょうが，一つは以上のようなわけもあるのです。これで序論は終り。次が本論。

× × × × ×

語学を教えてくれる最高の権威は，教壇に立った先生でもなければ，蜜柑箱みたいな大きな辞書でもない —— 羽目です！どこにも書いてない，しかもどんな場合にあてはめても絶対に間違いのない，しかもドイツ語にも英語にも全部共通な，しかも馬鹿にも阿呆にも間抜けにもわかる文法は —— 行きがかりです！不肖わたくし自身の事を申しあげるならば，人にむかっては「原書を引きながら辞書を読め」とまで辞書を賛美しおきながら，そう申す私自身，実のところ甚だ不勉強で，（私の書斎にロクな辞書がないことは私の所に出入りする人たちがよく知っていると思いますが）辞書というやつはあまり引かない。こんなことを言うと自慢みたいになるかな？......しかしです！しかし，たった一冊だけ，手垢で真黒になったボロボロの，所々血痕さえ見える小さな辞書がある。それは神様が御発行になった「局面」という辞書です。（定価5円，各書店に無し。）

......（中略）......

辞書をあまり引かないから，従って辞書についての知識が稀薄で，興味もほとんどない。この妙な個癖をよく知らない本屋さんが，辞書を出す相談を持ちこんでくると，わたしは，言下に「興味がない」といって断わるが，興味がないというよりはむしろ，自分の最も不得手な方面だから，頭っから反感を覚えるのです。

だから，わたしが辞書に関して吐く迷論は，賛否両論とも，まあ，大したものじゃないと思って頂いても結構です。その代り，辞書よりも一段上の権威である「局面」「羽目」「行きがかり」についてわたしが述べることは，これは，語学をやる上の絶対の真理だと思っていただきたい。

辞書を引くときには，指先にツバをつければよい。わけのないことです。局面にぶつかり，羽目に立ち，行きがかりに飛びこむには，眉にツバをつける必要があります。顔を洗う必要があります。時として冷水三斗をあびる必要があります。局面は人間のたたきなおしです。人生の出直しです。

あなた自身の再検討です。時には魂の入れかえです。大抵の場合はドタマのすげかえだ。

辞書は微妙な，上品な，体裁の好い，利いた風なことを言う。そして，ときどき間違っている。—— 局面は，親切だけれども少し言葉つきの乱暴な交通巡査みたいなところがあって，マゴマゴして変なところを歩こうとすると「コラッ！」と言って，一喝する。相手が立派な紳士だろうがお姫さんだろうがおかまいなく，人権もヘッタくれもあったものじゃない，なんなら飛んで行って突きとばしても人の命を救う……

もっとも，こんな巡査に怒鳴られてばかりいると，こっちまでそんな巡査みたいな口調になってしまう……わたしがその好い例です。イヤ，悪い例か。

（1957 年 1 月）

【『関口存男の生涯と業績』，313-316 ページ，波下線佐藤】

(4) 自己と対決せよ！

むかし，田舎に疎開していた頃，ある爺さんが私に「西洋人も糞をたれたときには自分でケツをふくのかね？」といって真面目な顔をしてきくので，「そうだ，自分でふくのだ」といって教えてやったことがあります。ふくところを見たことはないけれども。

この爺さんのはマアあんまり極端すぎるけれども，ほとんどこれに近いアイマイな考え方は，外国語を研究したり翻訳したりする人の意識の中に多少見受けられるように思います。西洋人だって我々と全然同じ人間なのだから，……（中略）……自分で手に紙を持ってお尻をふくのと同じように，何か考えたり言ったりするときには，我々でもやはり考えそうなことを考え，我々でもやはり言いそうなことを言うにきまっている。それを，西洋人のことだから万事勝手がちがっているに相違ないという漠然たる前提の下に，では，……（中略）……何か便利な施設があって，あるいは，お尻のあたりが少しちがった具合に出来ていて，手で拭かなくてもいいように

209

なっているかも知れない ...... 爺さん，おそらく，こういうふうに考えたものに相違ない。「では，どういう施設があると思うのか？お尻のあたりがどういう具合にちがっていると思うのか？」と言って反問したとすれば，爺さんは，おそらく，少しまごついて，「いや ...... 其処まで考えてみたわけではないけれど ......」と言ったにちがいありません。「其処まで考えてみたら，人に訊かなくったってわかる話じゃないか！」ときめつけたら，「いや，ごもっとも！」と言って頭を掻いたことでしょう。

べつに，此の爺さんばかり責めるわけではないが，此の爺さんは，つまり，自分が考えたことがらに関して，自分で責任を持ってみなかったのです。自分で本当に責任を持って考えてみれば，おのずと崩れてくる考え方というものが世間にはたくさんあって，それらのうちの，爆笑価値 100 パーセントに近いものは採り上げられて笑い話になったり落語の材料になったりするが，爆笑価値 90 パーセント以下のものになるというと，笑おうと思っても笑えず，怒ろうと思っても怒れず，同情しようと思っても同情できないから，笑いと怒りと同情とが大脳の中途半端なところで内訌 [ないこう＝内輪もめ] をおこして，顔面筋肉が妙な具合によじれて，はなはだ気持がわるい。平気なのは，そういう事をいったり書いたりする御当人だけです。

外国人が外国語で書いたものを翻訳したり解釈したりする人たちは，単に語学の知識をもって原文と対決すると思ったら大きな間違いで，実は「自分自身の最後の良心」と対決するわけです。奇抜な言い方だが，原文なんか問題じゃない，語学の学力なんか問題じゃない。「おれは，おれ自身の腹の底から響いてくる幽 [かす] かな声に対して何処まで忠実か」が問題なのです。

いわゆる誤訳，曲訳というやつの中には，当人が本当にそういうものと思いこんでいる間違った誤訳もないではありません。称して「勘ちがい」という。けれども，こんなのは百に一つ，千に一つです。100 のうち 99 までは，ただいまの田舎の爺さんの話じゃないが，「実は其処まで考えたわけではなかった」式の誤訳です。「実は其処まで考えたわけではなかった」というのも実は少し嘘なので，少し詳しく本人の気持に立ち入ってみれ

ば，……（中略）……ほんとうは，「多少は其処まで考えたわけだった」のですが，「其処」の一歩手前のところで邪魔くさくなって引き返して来たのです。つまり，自分自身の考えに対して責任を持つだけの勇気に於いて欠くところがあったのです。つまり，誤訳というやつの 99 パーセントまでは，誤訳する瞬間に，誤訳だということが薄々わかっている誤訳なのです。……

×　×　×　×　×

ずいぶんひどい事を言ってしまったが，これはべつに語学をやる人を世間の笑い物にしようなどというくだらない見地から言ったのではありません。語学の人間教育的使命，人文語学の旗幟［はたじるし］を高らかに掲げんがための序曲を奏したにすぎません。語学は何学よりもよく「吾人を吾人自身の最後の良心と対決せしめる」という，おそろしい事実を指摘したにすぎません。此のおそろしい事実の前にちぢみあがるだけの感受性を持った人たち……その人たちは，すでにそれだけの事実によって，此の地上の少数の選良に伍したことになるでしょう。……

（1957 年 2 月）

【『関口存男の生涯と業績』，317-320 ページ，角カッコ補足と波下線佐藤】

② 「文化語学」と「実用語学」

以下は，「わたしはどういう風にして独逸語をやってきたか？」という随筆の一部である。『関口存男の生涯と業績』の編集者によると，この随筆は 1949 年5 月から 1 年間『月刊ドイツ語』誌上に連載された（参照：『生涯と業績』，526 ページ。なお，随筆の全部は『趣味のドイツ語』に再録されている：321-354 ページ）。

引用の中で関口は，「文化語学」と「実用語学」という術語のドイツ語訳として，

それぞれ Philologie と Linguistik を用いる。しかし Linguistik という訳語は，近・現代言語学の用語と混同される恐れがあるため，ここではドイツ語は避け，日本語で通した。

なお関口はこの二つの術語を，ある時は日本語で，またある時はドイツ語で用いる。これを区別するために以下では，ドイツ語（Philologie, Linguistik）が用いられる場合は「二重山カッコ」に入れて，それぞれ《文化語学》，《実用語学》とした。

私がはじめてドイツ語をやり出してから後の十年足らずの間の苦心談は以上に述べた通りですが，それから後のお話をすることになると，茲にちょっと，凡そ<u>語学教育</u>というものの根底に横たわっている重大問題の一つを検討せざるを得なくなります。重大問題というのは，『文化語学』か『実用語学』かという，殊に現下の外国語教育方針に重大関係のある，また，これから如何なる外国語をやる人にも切実な関係のある重大問題です。

まず私自身の傾向の方をハッキリと告白しておきましょう。前回までの身の上話をお読み下さった方々には，もはや別に改めて告白するまでもないことですが，私は日本にいて書物でドイツ語を勉強した人間ですから，私のドイツ語は，出発点からして，言わば生きたドイツ語ではなかったわけです。つまり，昔の漢学者が漢文を勉強するようにドイツ語を書物の上で学んだ人間です。近頃は，殊に英語教育の方において，<u>眼から先に這入るといったような「学問的」な教え方はいけない，耳と口とで覚えるような教授法を採用しなければいけない</u>，という事が急にやかましく云われているようですが，そういう見地からは，どちらかというと，やはり私も非難される方の陣営に這入ってしまうでしょう。

けれども，『文化語学』対『実用語学』という見地からは，私は，もっと詳しく云うならば，丁度その中間ぐらいの所を領域にしていて，どちらかというと少し文化語学の方に傾いている ...... といった程度のところにいます。

それから，私の実用語学（即ち，発音，会話，作文等）的方面の事も正直に告白しておきます。私のは，とにかくドイツへ行った事もないのだから，

212

会話ができるだけでも一種の奇蹟と思っていただかなくてはならないのですが，もちろんそうスラスラと喋れるわけではなく，やはり一言一句かなり努力しないと云えません。 発音も，そう大して手際が好くはない，九十九パーセントまでドイツ人のそれに近いという自信はありますが，あとの一パーセントはどうにも致し方のないところがある。……

作文はどうかというと，この方は会話とはちがって，ずっと本物です。作文は，苦心もし，時にはずいぶん時間もかけ，しらべるべきことはチャンとしらべて書くし，おまけに文学書や哲学書その他色んな物を読んで色んな事を知っているから，作文だけは，或いはドイツ人なみに書けると云っても好いかも知れません。

単に眼から這入ってきたドイツ語の知識を基礎にして，多少インチキであるにもせよ，どうして発音，会話，作文，即ち実用語学的方面を以上の程度にまで進歩させたかということは，これはチョット一口では説明できません。褒めてくれる人は，「語学の天才」という，ちょっと私には意味のわからない，光栄ではあるが，多少迷惑な形容詞で以て片づけてしまう。なぜ迷惑かというと，天才という形容詞は，私のチョット一口では説明できない複雑微妙な，無限にこみ入った，単に意識と脳力と努力と苦心とによって操作してきた千態萬様の「人工的努力」と，その努力の蔭にかくれた「企画性」と「信念」とを全然買ってくれない評価だからです。否，私の語学力というやつは，竪にして眺めても横にして眺めても，「天才的」なところはどこにもない，凡てこれ意識的に，努力的に，企画的に，ヤットのことででっち上げ，ヤットの事で持ちこたえている人工的なものにすぎません。……

けれども，たとえどんな無理な人工的な手を用いたにせよ，とにかく私のドイツ語には，……（中略）……『実際語学的方面』というものが多分にあることは事実で，本来は……（中略）……『文化語学』即ち Philologie の方の畑の男でありながら，そうした畑の方に一番欠けている実際語学的方面の要素を多分に備えているということが取りも直さず私の強味だと云えましょう。けれども，私を単に実用語学者だと思っている人があるとすれば，それに対しては私としては断然異議があります。だいいち，語学というも

のを専ら実用語学と解する事に対しては真っ向から反対ですから，その意味においては，私は或いはいわゆる「語学者」ではないかもしれません。やはり，よく云う，むつかしい事はよく知っているくせに，会話や聴き取りとなると，ごく簡単なことにすらマゴつく「学者」の方の陣営です。

だから，文化語学か実用語学かという問題に関しても，私はどちらかと云うと「文化語学」というものの方を強調したい気持でいます。今の時勢には多少逆らうかも知れないが，一国の文化という高遠な観点からは，真の教育家はすべてそうでなければならないと思います。それは決して耳と口との教授法という改革に対して反対を唱える意味ではないので，それはそれで結構であり，私自身も実際教壇に立つ時にはそれを最高の原則としてやってきました……

では，どういう意味で文化語学の方を強調するかということを少し云わせてもらいます。…….

まず，……（中略）……実用語学というものの正体をよく観察してみようではありませんか。そうすれば，それが果して語学の理想であるかどうかは，すぐわかります。

私の経験から云うと，実用語学なんてものは，真の語学すなわち文化語学の方がしっかりしていさえすれば，わけのないものだと思います。よく云う事だが，大学で何年も英語をやったというのに，缶詰のレッテルすら読めないじゃないか，と云って大学の英語が非難されます。しかし，大学では別に缶詰のレッテルの読み方を教えるわけではないから，それもやむを得ないじゃないですか！

それに反して，実用語学のみを理想にして獲得された外国語には，それどころではない，もっともっと致命的な欠陥があります。よく見受ける現象ですが，外人を相手にどんどん話のできる人の中には，もちろん本当に其の外国語をよく知って話す人もあるにはありますが，大抵の人はそうではなくて，単に日常会話の範囲の事だけがわかっているにすぎない。これが証拠に，少しこみ入った話になったり，いわんや思想の発表とか気持ちの上の問題とかになると，だいいち外人の方で初めっからあきらめて，てん

で相手にしてくれない。……（中略）…… そういう時には，何というか，或種の義憤をおぼえます。悲憤的愛国心に鞭打たれます。戦争には何遍負けても好いが，精神的水準と文化人としての水準だけは，せめて西洋人に笑われないだけの日本人を五六万人造らなければ駄目だと思いました。本当です。

だから，実用語学の必要を誰人よりも以上に痛感してきていながら，しかも信念としては，誰が何と云っても我が国の語学教育は文化語学でなければならないという決論を持する所以のものは，一にも二にもそうした文化的見地の愛国心から来ています。此の愛国心，此の愛民族心だけは一銭の掛値もありません。

　　　　　　　……（中略）……

実用語学的行き方は，勿論中学あたりから盛んに採用しなければなりません。けれども，それは直ぐ缶詰のレッテルが読めたり西洋人と話ができたりする事が理想であってはならない，やはり結局は文化語学，すなわち主として「書物が読める」ことが最後の理想でなければならない。書物さえ読めるなら，なんなら会話や作文はできなくてもよろしい。少くとも，全部のインテリが会話や作文ができる必要はない。しかし書物を読むことだけは全部のインテリができなくてはいけない！これが私の見地です。

如何となれば，外国語と一口に云っても，文化的背景を持った独英仏等の語学をやる場合と，……（中略）……［そうでない場合とは］やる目的が全然ちがうと思うのです。……

もちろん，書物は読めるが，会話も作文も碌にできないというのは，たしかに……（中略）……［不完全である］には相違ありません。けれども…… 書物が読めないよりは好いじゃありませんか！

とにかく，ちょっとしたツマラナイ事のために最も重要なことを忘れてはいけません。大学の教授のくせに会話一つ出来ないとか，語学者でありながら発音がなってないとか云いますが，では，我が国の文化，我が国の科学を，せめて今日までの程度に向上させたのは誰の力だと思います？……

...... 我が国の文化水準をせめて今日の程度にまで引きあげたのは，すべて是，本は読めるが会話となると頭を掻いて馬脚をあらわす医学者，科学者，思想家，翻訳家，文人，大学教授，その他の......（中略）......［不完全な］語学者であったのです！ すなわち「文化語学」をやってきた人たちなのです！

だいいち，語彙や表現から云っても，実用語学ほど貧弱なものはありません。それに反して，書物に出てくる外国語が，これが本当の英語，本当のドイツ語です。......（中略）...... この方は，そう簡単には支配できません。長年の勉強を要します。しかしそれはむしろ当然でしょう。

語学というものを軽便に考えている人は，もう一度昔の漢学者の立場にかえって，その真の目的を深く反省すべきです。でないと，西暦 2049 年頃には，極東の地図はすっかり色が変わってしまいますよ。

［注：この文章は 1949 年に書かれている。つまり関口が「2049 年頃には」と言うのは，「100 年後には」ということである］

...... （中略） ......

以上は，文化語学の見地から，すこし実用語学のことを悪く云いすぎましたが，今度は，また苦心談の方へ戻って，会話とか発音とかいったような方面でどんな苦心をしたか，事実を主にして申し上げます。

...... （中略） ......

もう十年以上も前の話だが，誰がどう伝えたか，私の事を博言学者のように吹聴する人があって随分迷惑したことがありました。つまり，ドイツ語ばかりではない，フランス語も英語もイタリイ語も，西洋の言語は凡てできる，その上おまけにラテン語，ギリシヤ語，サンスクリット，ヘブライなど古典語までやる ...... というわけです。雑誌などにも，ごく無責任な筆つきでそういう意味の事を書かれたので，こいつには困りました。

なぜ困るかというと，其処につまり前号でのべた《文化語学》対《実用語学》の問題があって，Philolog（文化語学者）を以て任ずる私としては，そんな沢山の言語ができるように言われると，世間的には一種のインチキ

師になってしまうからです。人間一個人の限りある一生涯と，その限りある一生涯において成し遂げ得る頭脳の業績との間の関係をごくアイマイに考えている世間の人は，「あの人は何ヶ国語ができる，十何ヶ国語できる」などということを，何の条件もつけずに平気で云いますが，これは実におかしな話です。なるほど一人の人間が何ヶ国語も自由自在に駆使するという例は，古今東西に亘って決して稀なことではありません。けれども，それは必ず《実用語学》であるに相違ない。たとえば，低級《実用語学》の範囲，すなわち会話をしたり日常の意思を達したりする範囲でなら，数ヶ国語をマスターしている人は世界に何百万もいます。それを商売にするとなれば，三十ヶ国語ぐらいは一生のうちにマスターできるでしょう。けれども，既に高級《実用語学》（実用語学の少し毛の生えた程度のものを斯う呼んでおきましょう，これも結局大したものではないのですが……）の範囲，即ちたとえば新聞を読んだり，国際会議の通訳をしたり，科学書の翻訳をしたりするとなると，もう何十ヶ国語とはいきません。天才でも五六ヶ国語が精々でしょう。普通は高々二ヶ国語，三ヶ国語で，四五ヶ国語というと誰でも多少疑うのは当然です。── 要するに，そう沢山の言語ができるというのは，凡て《実用語学》のことで，本当に深く研究するとなると，即ち真の《文化語学》となると，もう二ヶ国語だって無理です。たとえば私の場合で云うならば，ドイツ語とフランス語とを同時に深く研究しようとすると，それはモウ二兎を追うことになります。如何となれば，真の《文化語学》は，単に言語ばかりではない，その言語で書かれた凡ての文学，学問書，風俗習慣，歴史等をはじめ，日常生活の《実用語学》をも含めたありとあらゆる事柄を立体的に包含するのでなければ本物にはなり得ないからです。ドイツ語の場合でいうならば，《文化語学》としてのドイツ語は，たとえば昔の漢文が漢文学，儒教，支那文化，仏教文化の全部を包含したごとく，ドイツ人の頭が生み出した有りと有らゆるものを全部包含します。ドイツ語はドイツ語だけではないのです。Philolog としてのドイツ語学者は，単なる語学者では勤まらないのです。……（中略）…… なによりもまず文学者，芸術家，哲学者，思想家でなければならない，その上科学のことも知らなければならない，制度文物の知識もなくてはいけない，その上おまけに日常会話も，作文も，発音その他の具体的な《実用語学》にも相当の自信がなくてはならない …… それら凡てを基礎とした上に築かれたも

のでなければ本当の《文化語学》とは云えないのです。

そんな意味における語学が，人間一生の中に，二カ国語以上に亘って出来るでしょうか？

私は断じて申します：それは絶対に不可能です。もしそんな事が二カ国語以上できるという人があったら，そこにはインチキがあります。本当に天才なら，そんな馬鹿な努力はしません。そんな事を企らむ人があるとしたら，それはその人が天才でない証拠です。

もっとも，たとえばドイツ語をよく理解し，その根本を究めんがためには，英語，フランス語のみならず，ギリシヤ，ラテン，其の他できるだけ多くの同族語を多少かじる必要はあります。学問はすべてピラミッドの如きもので，基底が広くないと高さが生じないのです。そうした要求から私もフランス語その他をやりました。英語も，読むだけは少々読めます。けれども……数カ国語が『できる』とは云われたくありません。『できるとは何ぞや？』と反問したくなるからです。

　　　　　　　……（中略）……

けれどもまあ，考えてみれば，私などは，ずいぶんヘマな事をしながらも，幸いにして三十歳になる前にハッキリと自分の一生の最も有利な，最も自分の条件を完全に効かす方策を決定して深く心に決するところがあったから，まあ上手にやった方の部類かも知れません。けれどもとにかく，語学者になるにしては，あんまり出発点が狭すぎました。哲学と文芸と芝居とが傍系的専門じゃあ，語学者も大したことはありません。うっかりすると単なる《実用語学者》になってしまう。それかあらぬか，現にわたしをそう見ている人もかなりあるようです。そう思うと，私の元来考えていた《文化語学》の理想も，わたしという人間を材料としての実験に関する限り，（これを自認するのは甚だ情けないが）今回はまず不成功だったかも知れません。また来世にやり直しますか。けれども《文化語学》の理想だけは理想として買ってください。

今回のお話と関連して，私の Philolog としての座右の銘を御紹介します。文豪 Schiller の言で，ドイツ語は少しむつかしいがまあ研究して下さい，

それは：

> Wer etwas Großes leisten will, muß tief eindringen, scharf unterscheiden, vielseitig verbinden, und standhaft beharren.
> 訳して曰く：大事を遂げんとする者は，徹するに深く，弁ずるに鋭く，猟［あさ］るに広く，持するに剛なるを要す。

私は以上の第二と第四とだけで多少の成功を収めましたが，第一と第三では完全に失敗しました。

【「私はどういう風にして独逸語をやってきたか？」，『趣味のドイツ語』所収，337-342, 344-346, 350 ページ，角カッコ補足と波下線佐藤】

③「朗読文学」について

『関口存男の生涯と業績』の中に，ラ・フォンテーヌの寓話を訳した「風刺詩　狼と犬」という小作品が載っている。『生涯と業績』の編者によると，「先生の還暦の祝いの席上，先生が<u>自らこれを朗読</u>された時，それを聞いていた満場の出席者一同，まさに魂をゆさぶられるような感動を受けた」ということである（『生涯と業績』，ii ページ，波下線佐藤）。

関口が「朗読文学」というジャンルに大きな興味を持っていたことは，同じく『生涯と業績』にある「ラ・フォンテーヌの寓話 —— 朗読文学のために ——」という小文に見てとれる（116-130 ページ）。次は，そこに書かれている関口の主張である。

わたしは，実は「朗読文学」というものに興味を持っていて，なにか<u>大きな声で多数の聴衆に読んできかせるような文学</u>が起らなければならないと思っている者ですが，その見地から，最も実行し易いものの一つとして，たとえばフランス古典文学中の有名なラ・フォンテーヌの寓話などを推したいと思います。

...... （中略） ......

ラ・フォンテーヌの寓話は非常に洗練された詩文から成っていますので，本当にフランス人たちが面白がるように面白く味わうには，もちろん仏文のままでなければ意味を成さないわけで，翻訳などしたところで，何が面白いのか全然わけのわからぬものになってしまうのは当然です。筋はわかるかも知れませんが，面白味は筋ばかりではなく，むしろ一行，一行，一言一句が面白いのですからそうした面白さは，一字一字直訳などした日には，たとえば「古池や蛙飛び込む水の音」を，「古いお池の中へカエルがとび込んで水がドブンといった」と変えたようなことになってしまうでしょう。

【『関口存男の生涯と業績』，116-117 ページ，波下線佐藤】

関口はこの後，ラ・フォンテーヌの寓話を三つ日本語に訳している。「蝉と蟻」，「お宝と二人の男」，そして「犬小舎（いぬごや）」である。関口は，その「犬小舎」の翻訳の前に次のように書いている：

最後に一つ，うんと長いのをお目にかけましょう。ラ・フォンテーヌの原文は別に長くはないのですが，こんどは，ほんの荒筋だけを採って，細部の経緯を全部日本式に創り直してみます。実際ラ・フォンテーヌの寓話の或るものは，よく親しんでいるとそういう創作欲を刺激するのです。だから，翻訳として見られると困るが，ラ・フォンテーヌの寓話を朗読文学の見地から利用するとこういう事も出来るという一例をお目にかけるわけです。ラ・フォンテーヌを紹介するという目的には多少添わないかも知れませんが，わたしはどうも例の「古いお池の水へ蛙がとび込んだら水がドブンといった」が非常に嫌いなので，むしろこうした創作みたいなものの方が，本当の意味に於ては，ずっと本当の紹介になりはしないかと思うわけです。

【同所，121 ページ，波下線佐藤】

以下は，関口が還暦の祝いの席上で朗読したという「諷刺詩　狼と犬」の全文である。「ラ・フォンテーヌの寓話を朗読文学の見地から利用」した「翻訳というより，創作みたいなもの」という意味で，ここには関口の「演劇人としての才能」が十二分に発揮されていると思う。

諷刺詩　　　　狼と犬

食糧難におちいって
骨と皮とになりはてた
お化けのような狼が，
眼ばかりギョロギョロさせながら
路（みち）を歩いておりますと，
向うの方から，これはまた
でっぷり太った，たくましい
色つやの好い番犬が
のそのそやってまいります。
これは御馳走かたじけない，
こいつをまるごと囓（かじ）ったら
さぞうまかろうと思ったが，
相手はなにしろブルドッグ
こっちは骨皮筋右衛門，
そうやすやすと当方の
おのぞみ通り御馳走に
なってはくれまい，それどころか，
ひとつ間違やあべこべに
こっちが相手にたべられる……
こりゃあきらめた，と狼は
辞を低うして話しかけ
世間話を皮切りに，
いろんなことを言ったのち，
相手の様子をつくづく見て，
てかてか光った毛のつやを
うらやましげに褒めました。
するとブル氏の申すには，
ほめられるほど毛のつやが

好いかどうかは別として
なにしろとにかく腹いっぱい
食わなきゃどうにもならないさ。
こう申してはすまないが，
君はあんまり腹いっぱい
食ってるようには見えないね。
そりゃまあ実際無理もない，
山にいたんじゃ何ひとつ
食えようわけがないからね。
ときたまなにかうまそうな
獲物がみつかったとしても，
まさかお皿にのっかって，
ひとついかが，という風に
待ってるわけじゃあないだろう？
その都度実力行使だろう？
ひとつ間違や，あべこべに
こっちがやられるわけだろう？
それじゃあまったく頼りない，
だいいち当てになりゃしない。
食えない方が当然で，
食えるとしたらそりゃなにか
まぐれあたりだ，間違いだ。
らくに食おうと思うなら，
わしといっしょに里へ来な。
里にゃ物資がうんとある。
あるところにはあるんだよ。

言われて狼考えた。
『聞けばなるほどもっともな，
ところで，ただじゃあ食えまいが，
いったいなにをするんだね？』
『なァに，なにをするという
ほどの仕事はなにもない。
門の近所にがんばって，
乞食が来たら追っぱらう，

あやしい者が通ったら
大きな声でほえたてる。
それに反して主人には
よろしく御機嫌とり結び，
家の者には愛想よく
尻っぽの一つも振っておく，
要するにただそれだけだ。
そうしておけばその代わり
それだけのことはあるわけで，
三度の食事は言わずもがな，
おやつ，お三時，小夜食と，
人間どもの食うたびに
そのおあまりがいただける。
にわとりの骨，はとの骨，
骨はたいていおれたちが
いただくことになっている。
いったい人間てえやつは
利口なようでまぬけだね。
自分は肉しか食わないで，
いちばん食いでのある骨を
みなおれたちにくれるんだ。』

骨と聞いては矢も楯も
たまらなくなる狼君，
ありがた涙と鼻みずと
よだれをゴッチャにすすりつつ，
この親切なワン公に
案内されていそいそと
人里さしていそぐうち，
なにげなくフト前をゆく
犬のうなじを見ていると，
毛がすりむけていますので，
どうかしたかと尋ねると，
『イヤ，こりゃ別に何でもない，
首輪の跡だ』との返辞。

『首輪というと？』──『頸の輪さ，
頸のまわりにはめる輪さ。』
『そりゃわかったが然しまた
いったいどうして頸に輪を
はめたりなんかするのかね？』
『輪でもはめなきゃ，頸をすぐ
つながれたんじゃあ堪るまい。』
『つなぐ？こいつは初耳だ。
するとなにかい，輪をはめて
鎖かなにかでつなぐのかい？』
『うん，まあそういうわけなんだ。』

つなぐと聞いて，狼は
ハッと思わず立ちどまり，
相手の顔をヂッと見て，
顔が長ァくなりました。
『さあ，そうなるとコリャちょっと
考えなくちゃあなるまいな。
いくら食えても，そうなると，
其処には何か割り切れない
或種の物がありそうだ。
人権蹂躙......じゃなかった
言わば狼権蹂躙だ。
男をつなぐということは，
女でいえば醜業だ。
するとなにかい，君たちは
御機嫌とりして，つながれて，
たらふく食って，おじぎして，
そうして尻っぽを振るのかね？
そうか。おかげで目が覚めた！
気持ちがハッキリしてきたよ。
せっかく此処まで来たけれど，
わたしは山へかえります！
山へかえって瘠せこけて，
目をぎょろつかせて，うろついて，

224

木の根をかじり，露を吸い，
歯をくいしばって我慢する！
我慢するともその方が
つながれて尾を振るよりは
どれだけましだかわからない。
そうしていよいよどうしても
食えなくなった暁には，
行きあたりばったり其の辺の
路（みち）ばたにでもくたばって
見事に腐ってみせるから，
「男」の死骸というやつを
話のたねに見に来たまえ！
いろいろお世話になりました，
では御機嫌よう，ごめんなさい。』　（終）

【『関口存男の生涯と業績』，366-371 ページ】

『生誕 100 周年記念　関口存男著作集　翻訳創作篇 10』（三修社 1994）には，「ラ・フォンテーヌの寓話」として，この「狼と犬」を含めた 34 の話が載っている。

なお，上に言及した「ラ・フォンテーヌの寓話 ── 朗読文学のために ──」の最後には，「芸苑　第四巻・第一号　昭和二十二年一月号掲載」とある（『生涯と業績』，130 ページ）。

---

④ ゲーテの墓碑銘

『関口存男の生涯と業績』の巻頭にはゲーテの墓碑銘が挙げられており，関口の訳が添えられている。ゲーテの言葉でありながら，関口は自分の人生と重ねてこれを翻訳したものと思われる。『生涯と業績』の編者も，そのような感慨を持って，ゲーテの「墓碑銘」を該当書の巻頭に入れたものであろう。

Grabschrift

Als Knabe verschlossen und trutzig,

Als Jüngling anmaßlich und stutzig,

Als Mann zu Taten willig,

Als Greis leichtsinnig und grillig!

Auf deinem Grabstein wird man lesen:

Das ist fürwahr ein Mensch gewesen!

                (Goethe: Epigramm)

子供の時は意地っ張りで,

青年時代は生意気で,

壮年時代はやってやってやりまくり,

老いてはひょうきんな変テコ爺さん,

—— 死んだらお墓にコウ書いて頂ける：

即ち：「これなん寔（まこと）に人間にてぞありける」

（これがほんとの人間だ）

引用は「どの版」から？

以下，関口の著作のうち，本書で直接に確認したものをあげる。「書名の直後にある西暦年」は，それぞれが最初に発表された年であり，下線が引いてあるものは，本書で「引用した版」である。

「＝『生誕100周年記念　関口存男著作集』」と書かれている場合，そのイコール記号（＝）は，本書で提示した「ページ番号」が『記念著作集』にそのまま適用されることを意味する。

独逸語大講座（<u>1931</u>）　全6巻，外語研究社（＝『生誕100周年記念　関口存男著作集』「ドイツ語学篇5, 6, 7」）．

新ドイツ語文法教程（1932）　改訂版1950，<u>三訂新版1964</u>，第四版1980　三省堂．

（「1980年の第四版」の巻末には，『文法教程』本文中にあるドイツ語例文の日本語訳，そして「独文和訳問題」と「和文独訳問題」の解答がついている。三修社による『生誕100周年記念　関口存男著作集』「ドイツ語学篇13」は，「1950年の改訂版」の復刻である。なお1935年には三省堂から，関口自身による『新独逸語文法教程解説』が発行されている。「独文和訳問題」と「和文独訳問題」の解答である。）

意味形態を中心とする ドイツ語前置詞の研究（1933）　三修社<u>1977</u>（＝『生誕100周年記念　関口存男著作集』「ドイツ語学篇4」，3-127ページ）．

（『ドイツ語前置詞の研究』は，ドイツ語に訳され，1994年にMax Niemeyer社から出版された：Deutsche Präpositionen. Studien zu ihrer Bedeutungsform. Mit Beiträgen von Eugenio Coseriu und Kennosuke Ezawa. Herausgegeben von Kennosuke Ezawa, Wilfried Kürschner und Isao Suwa, Tübingen: Max Niemeyer 1994.）
（なお，このドイツ語訳の巻末にはEugenio Coseriu氏と江沢建之助氏の次の論文が付されている：Eugenio Coseriu: Sprachtheorie und Grammatik bei Sekiguchi; Kennnosuke Ezawa: Das Leben von Tsugio Sekiguchi (1894-1958), einem

modernen japanischen Intellektuellen.）

独作文教程（1935-39）　三修社　<u>1953</u>（＝『生誕 100 周年記念　関口存男著作集』「ドイツ語学篇 2」）.

（『独作文教程』は，2008 年に全巻ドイツ語に訳され，ドイツで出版された。このドイツ語訳には，『独作文教程』の「改訂版」（つまり「関口氏のドイツ語文を，現代ドイツ語の立場から見直す」）という意義もある：Synthetische Grammatik des Deutschen, ausgehend vom Japansichen. aus dem Japanischen übersetzt und herausgegeben von Kennnosuke Ezawa in Zusammenarbeit mit Harald Weydt und Kiyoaki Sato, München: iudicium 2008.）

ドイツ語学講話（1939）　三修社 <u>1975</u>（＝『生誕 100 周年記念　関口存男著作集』「ドイツ語学篇 3」）.

海に潜る若者（F. von Schiller: Der Taucher）　関口存男訳注（1942），三修社 <u>1969</u>（＝『生誕 100 周年記念　関口存男著作集』「翻訳創作篇 1」, 77-156 ページ）.

接続法の詳細（1943）　初版　日光書院；　三修社 <u>1954</u>（＝『生誕 100 周年記念　関口存男著作集』「ドイツ語学篇 1」）.

新ドイツ語大講座（1947）　三修社 <u>1976</u>（＝『生誕 100 周年記念　関口存男著作集』「ドイツ語学篇 8」）.

趣味のドイツ語（1954）　三修社 <u>1976</u>（＝『生誕 100 周年記念　関口存男著作集』「ドイツ語学篇 10」）.

ドイツ語冠詞（文法シリーズ 7）（1958）　三修社 <u>1966</u>（＝『生誕 100 周年記念 関口存男著作集』「ドイツ語学篇 11」, 3-60 ページ）.

冠詞 ― 意味形態的背景より見たるドイツ語冠詞の研究 ―（<u>1960/61/62</u>）全 3 巻，三修社.

関口存男の生涯と業績（1959）　荒木茂雄，真鍋良一，藤田栄（編集）　三修社 <u>1975</u>.

関口文法と関口存男についての文献は，本書第3巻『関口文法の解釈とその発展の可能性』において列挙する。ここでは比較的新しい三つの書を（出版された年代順に）挙げるにとどめたい。

池内紀（2010）：ことばの哲学．関口存男のこと．青土社（全225ページ）．

牧野紀之（2013）：関口ドイツ文法．未知谷（全1,548ページ）．

細谷行輝，山下仁，内堀大地（編著）（2016）：冠詞の思想．関口存男著『冠詞』と意味形態論への招待．三修社（全335ページ）．

編・解説者略歴

佐藤清昭（さとう　きよあき）

1948 年 東京に生まれる

1973 年 立教大学文学部ドイツ文学科を卒業

同年　立教大学大学院文学研究科修士課程に入学。在学中に文部省（当時）の外郭団体「日本国際教育協会」より奨学金を得て，ドイツ・テュービンゲン大学に留学。エウジェニオ・コセリウ，江沢建之助両氏のもとで一般言語学・ドイツ語学を専攻

1980 年 立教大学大学院文学研究科修士課程を修了

1985 年 ドイツ・テュービンゲン大学 一般言語学科 エウジェニオ・コセリウ教授のもとで博士号取得

国立大学法人 浜松医科大学 名誉教授

著書

„Der Artikel bei T. Sekiguchi. Die Bedeutungsform-Grammatik als Grammatik des Sprechens"（Tübingen: Narr）

『中級へのドイツ語　ベル：気まぐれな客たち』（後に『ドイツ語の小説を読む 1　ベル：気まぐれな客たち』に改題）（三修社）

『ドイツの小説を読む　ベル：ある若き王様の思い出』（後に『ドイツ語の小説を読む 2　ベル：ある若き王様の思い出』に改題）（三修社）

『アクセス独和辞典』（共著，三修社）

論文

「関口存男と意味内容の一元論的区別」

「従来の『文法授業』の正当性 ―― 言語通常態論からのアプローチ ――」

「関口存男における前置詞研究 ―― 意味形態の普遍性 ――」

„Über den Gegenstand der Bedeutungsform-Grammatik von Tsugio Sekiguchi"

„Zum Begriff der *Dritten Bedeutungsform* bei Sekiguchi"

„Die Erforschung des Konjunktivs bei T. Sekiguchi. ― Ein Beispiel der synthetischen Grammatik des Deutschen ―"

„Universelle Bedeutungsformen und die synthetische Grammatik des Deutschen ― Sekiguchis Präpositionsstudien"

ほか

ドイツ語「関口文法」へのいざない　第1巻

関口存男の言葉

2021 年 3 月 30 日　第 1 刷発行

編・解説者——佐藤清昭

発 行 者——前田俊秀

発 行 所——株式会社　三修社

〒 150-0001　東京都渋谷区神宮前 2-2-22
TEL 03-3405-4511
FAX 03-3405-4522
振替 00190-9-72758
https://www.sanshusha.co.jp
編集担当　菊池　暁

印 刷 所——壮光舎印刷株式会社

製 本 所——牧製本印刷株式会社

装丁　SAIWAI Design（山内宏一郎）

編集協力　株式会社ブレイン

© Kiyoaki SATO　2021　Printed in Japan
ISBN978-4-384-05986-1 C1084